ENSEIGNEMENT

DU DESSIN

A L'ÉCOLE LA MARTINIÈRE

PAR

LOUIS DUPASQUIER

Architecte du Gouvernement

CORRESPONDANT DU MINISTÈRE DE L'INSTRUCTION PUBLIQUE

MEMBRE DE L'ACADÉMIE DES SCIENCES, BELLES-LETTRES ET ARTS DE LYON

ETC., ETC.

CHEVALIER DE L'ORDRE DES SAINTS MAURICE ET LAZARE

TROISIÈME ÉDITION

LYON

IMPRIMERIE LOUIS PERRIN

RUE D'AMBOISE, 6

1868

ENSEIGNEMENT DU DESSIN

MÉTHODE DUPASQUIER

INTRODUCTION

Nommé en 1829 par M. de Lacroix-Laval, alors maire de Lyon, sur la présentation de M. Tabareau, qui depuis 1825 s'occupait officiellement de l'organisation de l'École, j'ai professé pendant plusieurs années au palais Saint-Pierre, où fonctionnait provisoirement cette nouvelle institution, en m'inspirant des leçons de mes honorables professeurs, MM. Legendre-Hérald et Chenavard; mais ce ne fut qu'en 1833 que, l'École étant définitivement établie dans les bâtiments des Petits-Augustins, il me fut demandé d'abandonner l'enseignement de la figure et de l'ornement, pour me renfermer spécialement dans celui du dessin des machines (1).

Je répondis à M. Leymerie, alors directeur de l'École, chargé de me transmettre l'ordre de l'Administration, que sa demande était grave et méritait de mûres réflexions, pour apprécier ce qu'il y avait de mieux à faire dans l'intérêt des nombreux élèves qui m'étaient confiés. En effet, je m'aperçus bien vite, ainsi que je l'avais prévu, combien il serait difficile de me faire comprendre de cette jeunesse (*si attentive cependant lorsque l'enseignement parle à sa raison*), en lui faisant dessiner immédiatement des modèles reliefs : je me décidai donc à faire précéder les leçons de dessin d'un cours élémentaire de perspective linéaire, pour établir entre les élèves et le professeur un langage compris de tous.

Le résultat en fut heureux et me confirma dans cette pensée que, si je parvenais à exercer simultanément les sens et la raison, j'aurais fait faire un grand pas à cet enseignement. Cependant ce ne fut qu'en 1835 que je créai et fis construire sous mes yeux et sur mes dessins les modèles en fil de laiton servant à résoudre pratiquement les éléments de perspective (pages 17 à 30 du Cours, planches 1 et 2).

J'ajoutai peu après le modèle d'un *tore* également en fil de laiton, donnant les principes du développement des moulures; enfin, je complétai cette

(1) La pensée de débuter dans l'enseignement du dessin par le relief a été préconisée par Jacotot; mais, en utilisant cette pensée, je dois dire qu'à l'inverse de ce novateur, qui voulait faire dessiner un modèle incompréhensible pour des commençants, j'ai voulu, contrairement à cette idée, faire comprendre avant de dessiner (A); il a fallu, pour obtenir ce résultat, me servir des sciences spéciales à l'art du dessin, et les simplifier pour les rendre accessibles à tous, ainsi que l'avait fait pour les sciences industrielles mon maître et ami M. Tabareau. (Voir sa brochure, publiée en 1828, sur ce sujet.)

(A) Voir mon discours sur l'enseignement de l'art publié en 1856, où j'exprime la même pensée, page 15, pour le haut enseignement artistique.

partie de l'enseignement par l'application de ces principes au dessin d'une colonne avec base et chapiteau (pages 31 à 39 du Cours, pl. 3 et 4), pour terminer par un modèle à quatre colonnes (pages 40 à 51, pl. 5, 33 et 34), comprenant la plupart des difficultés à résoudre en perspective.

Cette méthode si simple et si rationnelle me donna, dès cette époque (1835), le moyen d'exercer simultanément l'œil, la main et surtout l'intelligence des élèves, en les préparant en outre à décomposer plus tard toutes les formes des modèles reliefs qu'ils auraient à dessiner.

Pendant plusieurs années, j'avais fait tracer la base d'un cube par les moyens employés dans les écoles de dessin, c'est-à-dire en faisant comparer les pentes entre elles (1). Mais ces moyens tout primitifs ne pouvaient suffire à l'enseignement de trois à quatre cents élèves; il devenait donc nécessaire de trouver un principe sûr pour résoudre d'une manière exacte et prompte le problème suivant : *La pente de l'un des côtés d'un parallélogramme étant donnée, trouver, par une simple formule, la pente du deuxième côté.*

Ce problème, résolu par la figure géométrique n° 12, pl. 2 (pages 21 à 25 du Cours), donne pratiquement le résultat tant désiré, à savoir : *que la pente des lignes d'un carré doit se tracer dans le rapport inverse du développement perspectif de ses surfaces.* (Voir la pl. 2, fig. 1 et 12.)

La solution pratique de ce problème de la pente des lignes, comparée au développement des surfaces dont nul auteur n'a parlé, est d'une grande importance pour l'enseignement, car elle donne aux élèves le moyen de ne jamais hésiter à l'application, rendue si simple par cette méthode, qu'il faut moins de temps pour dessiner un carré ou un cube en perspective que pour en faire la démonstration.

Enfin, ce même problème, appliqué au développement des cercles, rend facile aux élèves le tracé des moulures les plus compliquées; car, en employant cette méthode, ils les dessinent avec une telle sûreté, qu'il serait difficile aux dessinateurs possédant des connaissances spéciales en géométrie descriptive et une grande habileté de crayon, de les faire avec plus de perfection. (Planches 2, 3, 4, 8, 33, 34 et 35.)

C'est, en effet, ce qu'écrivait M. Michel Chevalier après une visite à la Martinière (*Courrier de Lyon*, 4 octobre 1844) :

« N'est-il pas déplorable, disait-il, qu'un jeune ingénieur, qui sort de
« l'École polytechnique, ne sache pas faire un croquis de machine à beau-
« coup près aussi bien que l'apprenti âgé de quinze ans qui sort de la Mar-
« tinière ? »

On peut donc dire avec raison que cette méthode conduit à dessiner perspectivement, avec autant d'exactitude qu'en employant les moyens indiqués par la géométrie descriptive, dans son application à la perspective, en consacrant infiniment moins de temps au tracé de la figure, et sans exiger de l'élève des connaissances spéciales en mathématiques.

Je dois ajouter que, sans employer les formules scientifiques, cette méthode s'appuie constamment sur les principes de la science et ne s'en

---

(1) Voir la brochure sur l'enseignement du dessin publiée par M. Rey, en 1835, dans laquelle cet habile professeur de l'École des Beaux-Arts parle de l'emploi du cadre vérificateur.

écarte jamais, sauf quelques licences pratiques exigées par le goût et l'observation, licences que recommandent même les meilleurs auteurs qui ont traité de la perspective. Voici, en effet, ce que dit Thibaut, page 131 de son Cours :

« Personne n'est choqué des licences perspectives lorsqu'elles ne bles« sent ni l'œil ni la raison, et qu'elles tournent au profit de la beauté du « tableau. »

Cette première partie de mon Cours fut nommée *perspective pratique*, et fut complétée par l'étude du dessin géométral et par celle du croquis.

Le *dessin géométral* a pour but principal d'habituer l'élève à dessiner géométralement et par appréciation le croquis d'un modèle (plan, coupe et élévation), pour y placer les cotes nécessaires à le reproduire sur une échelle donnée, avec la règle et le compas.

Le *dessin croquis*, ne pouvant être que l'application des principes déjà développés, n'est enseigné qu'à la fin de chaque année scolaire, soit pour y exercer les élèves, soit aussi pour montrer au jury d'examen le résultat général des études. (Voir les pages 52 à 58 du Cours, planches 7 et 8.)

Je ne dis rien du dessin de projection, ainsi que des éléments de géométrie développés dans les pages 58 à 75, planches 7, 8 et 9, car je n'ai fait que reproduire les anciennes formules nécessaires à mon enseignement.

Mais il n'en est pas de même de la *perspective linéaire*, que je me suis efforcé de simplifier pour la rendre accessible à mes élèves. (Voir les pages 76 à 109, planches 10, 11, 12, 13, 14, 15, 16, 36 et 37-38.)

PERSPECTIVE LINÉAIRE.

Si, dans l'organisation de cette partie de mon Cours, je me fusse borné à reproduire les éléments déjà développés dans tous les traités de perspective, je n'en parlerais même pas ; mais les exigences de mon enseignement ne permettaient pas l'emploi des moyens connus ; il fallait non-seulement les simplifier, mais surtout obtenir la *suppression des projections*, c'est-à-dire dispenser l'élève de l'obligation d'établir le plan et l'élévation des corps, ainsi que cela se pratiquait dans toutes les écoles, et que cela était démontré dans tous les traités.

Ce résultat fut obtenu par l'emploi généralisé des *lignes proportionnelles*.

Cette nouvelle application des *lignes proportionnelles* simplifie tellement les opérations, qu'un élève, n'ayant aucune connaissance de la géométrie descriptive, trace sans hésitation une vue d'après nature ou d'après un programme dicté par le professeur, avec autant d'exactitude que par les anciennes méthodes, et surtout avec beaucoup plus de rapidité ; ce qui était exigé par le peu de temps accordé aux élèves, à la fin du cours, pour le rendu d'un dessin résumant la plus grande partie des difficultés de la perspective (voir les planches 33 et 37-38) ; je dis la plus grande partie avec intention, car je n'ai pas eu la pensée de rédiger un cours complet de perspective linéaire, soit que cela eût été inutile aux besoins de la Martinière, soit que cela me parût peu nécessaire au plus grand nombre des dessinateurs.

DEUXIÈME ANNÉE SCOLAIRE.

Les éléments enseignés pendant la première année ne pouvaient suffire à des jeunes gens destinés en grande partie à être placés à la tête des ateliers industriels ; il fallait donc compléter ces éléments en donnant le moyen de reproduire facilement toutes les formes qu'un simple trait ne peut toujours faire comprendre. *Rappeler et faire l'application des principes enseignés précédemment, en y ajoutant l'étude raisonnée des ombres et du lavis, tel était le programme à réaliser.*

Mais comment initier les deux cents élèves de la deuxième année à la pratique de ces deux sciences, en employant les méthodes ordinaires pour en faire l'application à des dessins perspectifs ? Cela était difficile, si ce n'est impossible, pour obtenir un résultat général et sérieux. Il devenait donc nécessaire encore de coordonner une méthode permettant de tracer les ombres des corps, sans utiliser les projections, en faisant disparaître toutes les démonstrations scientifiques, et réduisant cette méthode à de simples formules, ainsi que je l'avais fait pour la perspective pratique et la perspective linéaire ; enfin, trouver un nouveau mode d'enseignement pour le lavis plus simple, plus rationnel, procédant par analyse et applicable aux dessins perspectifs faits d'après le relief.

La nature même de mon enseignement, ainsi que ses besoins spéciaux, m'ont fait successivement découvrir ces moyens et ces formules, comme le démontrent le texte et les planches du Cours ci-après désignés.

TRACÉ DES OMBRES.

Après avoir enseigné rapidement aux élèves les éléments du tracé des ombres, en les démontrant sur le tableau (voir le Cours, pages 110 à 127, planches 17, 18, 19, 20, 21 et 22), on passe au tracé des ombres sur un dessin géométral, sans utiliser les projections (pages 128 à 130, planche 23), pour terminer par l'application de cette nouvelle méthode aux dessins perspectifs (pages 131 à 138, planches 24 et 34).

LAVIS.

Ce nouvel enseignement du lavis consiste :

1° *A ne jamais faire copier un lavis*, mais à procéder par le raisonnement ;

2° *A laver sur des dessins faits au crayon d'après nature*, en supprimant l'emploi de la plume et du tire-ligne, comme exigeant beaucoup plus de temps et donnant en définitive un résultat moins satisfaisant ;

3° *A limiter et surtout à régler le nombre et l'emploi des teintes* ;

4° *A remplacer les modèles par une démonstration pratique*, qui consiste à faire réunir autour du professeur les élèves d'une section, pour laver devant eux quelques moulures de la planche 25, et plus tard une fraction d'un dessin fait d'après nature, en leur rappelant verbalement les principes développés dans les chapitres consacrés à cet enseignement. Cette démonstration pratique et théorique aide puissamment le professeur à obtenir de tous les élèves un résultat généralement bon et harmonieux. (Voir les pages 139 à 151, planches 25, 26, 27, 28, 34 et 39 du Cours.)

La solution de ces deux problèmes : *Du tracé des ombres sans projections, et du lavis raisonné sans modèle*, le tout coordonné en méthode simple et facile, m'a permis de terminer durant la deuxième année scolaire, ne comprenant que 160 heures d'étude :

1° Le résumé de l'enseignement de la première année;

2° Le complément des études de géométrie et de perspective linéaire;

3° L'étude des ombres et du lavis appliqués aux dessins perspectifs;

4° L'exercice du croquis et des projections;

5° Enfin, la préparation et l'achèvement des concours de fin d'année, dont les résultats étonnent toujours les hommes spéciaux.

ORGANISATION ET OUTILLAGE DE LA CLASSE DE DESSIN.

(Voir les planches n°° 29, 30, 31 et 32, ainsi que la planche 41.)

Cette dernière donnant le *fac-simile* d'une épreuve photographique faite par Disderi au palais de l'Exposition universelle de 1855.

Jusqu'en 1843, le cours de dessin a été professé dans les galeries orientale et méridionale des bâtiments de la Martinière; à cette époque, l'École prenant chaque année plus de développement, je fus chargé, comme architecte de l'établissement, de faire des réparations au grand bâtiment nord, et d'organiser à nouveau la classe de dessin au deuxième étage de ce bâtiment, le premier étage étant destiné aux classes de mathématiques, et le rez-de-chaussée à l'enseignement et aux laboratoires du cours de chimie (1).

C'est de cette époque seulement que datent les transformations que j'ai fait subir à l'outillage ainsi qu'à la disposition de la classe de dessin, nouveaux éléments qui ont puissamment aidé aux progrès des élèves ainsi qu'à leur bien-être et à la surveillance générale; un seul employé suffisant actuellement à maintenir l'ordre dans une classe composée de 350 à 400 élèves.

En effet, *l'adoption du cercle, en remplacement des tables posées parallèlement*, présente l'avantage de placer tous les étudiants à une distance égale du modèle; or, ce modèle occupant le centre du cercle, s'offre à chaque élève sous un aspect différent, d'où il résulte pour eux l'obligation d'étudier sérieusement, car ils ne peuvent se copier. En outre, cette nouvelle disposition permet au professeur de donner la leçon à l'ensemble des élèves, sans craindre que les figures qu'il trace sur le tableau de démonstration puissent être imitées par eux.

La forme du *bidet*, ou *siège à tablette mobile*, laisse aux élèves toute liberté de mouvements, chose importante à leur âge; cette forme donne encore le moyen de les isoler, dès lors de les rendre responsables de leurs actes ainsi que des outils qui leur sont confiés; enfin, cet isolement facilite le change-

---

(1) Ce fut également en 1843 que, de concert avec le docteur Alphonse Dupasquier, mon frère, j'organisai le matériel des classes de chimie, dont il était professeur

ment de disposition de la classe à l'époque des concours de fin d'année, sans qu'il puisse en résulter aucune confusion.

La forme admise pour le *porte-modèle*, dont la table s'élève ou s'abaisse à volonté, permet de placer les objets à dessiner à la hauteur convenable pour le développement de leurs surfaces, car cette hauteur varie nécessairement suivant les dimensions des modèles.

Enfin, les numéros d'ordre fixés dans le pavage et rappelés sur les chaises et les outils, empêchent tout désordre et facilitent l'inspection qui se fait tous les mois : mesure nécessaire et des plus utiles dans une école gratuite où tout est fourni aux élèves par l'administration.

En résumé, *cette nouvelle organisation* aide l'enseignement, ainsi que l'inspection du professeur, dès lors permet d'imprimer aux études une unité nécessaire à leurs progrès, en même temps qu'elle développe et maintient chez les élèves cet esprit d'ordre et de travail dont on ne saurait trop donner l'habitude à la jeunesse.

MOYENS EMPLOYÉS CONCURREMMENT AVEC LA MÉTHODE ANALYSÉE CI-DESSUS.

Parler à l'ensemble des élèves, en appuyant les démonstrations de figures tracées sur un tableau ; utiliser l'éponge humide pour effacer sur l'ardoise ou sur la planchette noircie les dessins négligés ou mal compris, afin de multiplier les démonstrations (1) ;

Donner un seul modèle à 20 ou 30 élèves, pour établir entre eux un concours constant et stimuler leur émulation ;

Décomposer ce modèle, en divisant les démonstrations pour les rendre plus claires en les rendant plus simples, dès lors en appelant l'attention des élèves fractionnellement et successivement sur les difficultés qu'ils ont à résoudre.

Tels sont les moyens pratiques utilisés concurremment avec la méthode pour obtenir des résultats généraux bien préférables, ce nous semble, à la fâcheuse habitude de se borner à former quelques sujets d'élite.

Toutes les parties du Cours empruntent à l'idée créatrice la rationalité et la simplicité des procédés ; toute étude inutile est mise de côté ; constamment rappelés à des principes clairement démontrés, les élèves marchent vite ou lentement, suivant leur aptitude ou leur travail, mais ils marchent sûrement. Si, à la fin du cours, ce ne sont pas des artistes que l'on a formés, ce sont au moins des enfants parfaitement préparés à parcourir avec fruit les carrières industrielles, ou à se livrer à l'étude spéciale des beaux-arts ; car, tout en ne consacrant, comme je l'ai dit, que sept à huit heures par semaine à l'étude du dessin, ils sont suffisamment éclairés sur leur aptitude pour choisir une profession en rapport avec leurs facultés intellectuelles.

(1) L'usage de l'ardoise, utilisée pour le cours de perspective pratique, a pour but principal, non de faciliter le travail des élèves, ce qui serait nuisible à leurs progrès, mais de permettre au professeur d'effacer rapidement les erreurs faites, dès lors de pouvoir multiplier ses démonstrations ; le deuxième but atteint est l'économie. Il en est de même de l'emploi de la *planchette noircie*, que j'ai introduite dans l'enseignement de la perspective linéaire.

Voici un extrait du rapport de M. le général Morin et de M. Tresca à la commission de l'Exposition universelle de Londres, en 1862, relatif à l'École la Martinière, qui vient corroborer mes opinions sur mon enseignement du dessin, avec cette autorité que donnent l'expérience et les faits accomplis :

« Les autorités municipales devraient être toutes invitées à suivre, dans « leurs détails, les leçons de la Martinière : *les leçons de dessin surtout*, dans « lesquelles la main n'a jamais à obéir qu'à une réflexion intelligente, née « de l'analyse du modèle. On y réussit assez bien en deux années à dégrossir « l'élève pour qu'il puisse ensuite se perfectionner de lui-même et acquérir « ainsi une sûreté de main qui doit compter pour beaucoup dans la pratique « de l'industrie, etc. »

Après avoir exposé rapidement les méthodes créées par moi pour un enseignement dont l'utilité est doublement consacrée par les résultats obtenus, et par l'opinion des hommes spéciaux ; enfin, après avoir fait connaître l'organisation nouvelle de la classe, je vais compléter l'historique de ces créations.

En 1848, mon Cours était à peu près complet dans ma pensée, mais le temps m'avait manqué pour le rédiger en un corps d'ouvrage, quoique chaque jour l'utilité m'en fût démontrée, soit pour donner encore plus d'unité à mon enseignement, soit aussi pour répondre aux demandes qui m'étaient faites de la France et de l'étranger, dans le but d'appliquer ma méthode à des écoles spéciales.

La Révolution de février 1848, en suspendant les grands travaux, me donna le temps de réaliser le projet que je méditais depuis plusieurs années ; je me mis donc à l'œuvre, et rédigeai le manuscrit de la première édition, en même temps que je dessinai les planches accompagnant le texte.

Mais, avant de livrer ces documents à l'imprimeur et au graveur, je crus de mon devoir de les présenter et de les développer devant l'administration de l'École la Martinière.

Ce ne fut donc qu'en 1849 que je priai l'administration de cette école de me recevoir en séance officielle pour entendre la lecture de mon manuscrit.

La Commission se composait de M. Christophe Martin, vice-président, de MM. les administrateurs Michel, Reverchon, Mathevon et Monmartin, enfin du directeur, M. Delamare.

Il fut décidé, dans cette séance, que je publierais mon Cours en mon nom, et qu'ainsi que cela se pratiquait pour les cours de mathématiques et de chimie, il serait remis aux élèves pour faciliter leurs études et aider à leurs progrès.

En 1852, je publiai une seconde édition, augmentée de huit planches.

La même année, M. Mouillard, proviseur du Lycée de Lyon, comprenant de quelle importance serait, pour les élèves de la section du commerce et de l'industrie, l'adoption de cette méthode, me fit la demande de me charger de ce cours ; je dus répondre que mes travaux professionnels ne me permettaient pas ce double enseignement. La même demande m'avait déjà été faite, en 1844, par M. Nivière, directeur de la Saulsaie, et, en 1851, par M. Martin, principal du collège de Vienne.

M. Deze, préfet du département de l'Ain, ancien professeur aux écoles du Gouvernement, voulant, en 1852, étudier cette méthode pour en conférer avec le Ministre et organiser un enseignement analogue à Paris, vint passer deux jours avec moi à l'Ecole et dans mon cabinet, pour s'initier aux méthodes que j'avais créées.

En 1853, M. Franklin, officier du génie sarde, chargé par son gouvernement de faire un rapport sur les méthodes de l'Ecole la Martinière, me fut adressé par M. Tabareau, pour faire une étude consciencieuse et approfondie de celle que j'avais créée à l'Ecole.

M. Christophe Martin m'écrivait, en février 1853, pour me remercier de l'envoi d'un exemplaire de mon Cours, et me disait :

« Notre Ecole était appelée à devoir beaucoup à votre famille; votre
« frère y a laissé d'honorables souvenirs, et vous, Monsieur, par vos lu-
« mières et votre dévouement, vous lui imprimez, dans la branche la plus
« utile de l'enseignement, un progrès qui la signale à l'admiration de tous.

« Comme administrateur, exécuteur testamentaire du major-général,
« recevez mes remercîments et mes félicitations. »

Les opinions émises dans cette lettre furent confirmées, quelques mois plus tard, dans un discours prononcé à la distribution publique des prix de l'Ecole la Martinière, par le même administrateur, en présence de M. le sénateur Vaïsse et de M. Antonin Monmartin.

Voici les passages de ce discours, relatifs à l'enseignement du dessin. (Voir le *Courrier de Lyon* du 20 août 1853.)

« La Martinière poursuit chaque année sa marche progressive; la capa-
« cité et l'expérience de maîtres éminents *ont donné à l'enseignement des mé-*
« *thodes* dont la facile application, en reculant ses limites, en simplifie aussi
« les difficultés : et quelle preuve plus frappante pourrais-je vous en offrir
« que ces dessins exposés à nos regards?

« Ne dirait-on pas, pour chacun d'eux, que la main tout à la fois la plus
« ferme et la plus habile soit substituée à celle de nos élèves pour tracer
« ces lignes variées et correctes? Ne dirait-on pas que le goût le plus pur
« est substitué au leur pour répandre sur ces pages les ombres les plus in-
« telligentes? Ne dirait-on pas enfin l'œuvre du maître?

« Eh bien, Messieurs, ces résultats, qui sont le principe et l'âme de l'in-
« dustrie manuelle, nous les devons, et je suis heureux de le dire ici, *aux*
« *savantes leçons du professeur qui, s'affranchissant des vieilles routines, a touché*
« *au but qu'aucun avant lui n'avait seulement aperçu.* »

En 1855, j'envoyai à l'*Exposition universelle française*, non-seulement un exemplaire de mon Cours, mais encore la réduction au cinquième d'un cercle représentant vingt élèves au travail autour des modèles élémentaires, plus une chaise à tablette mobile, grandeur d'exécution, dans le double but de faire apprécier l'enseignement ainsi que l'organisation de la classe. (Voir la planche 41.)

Cette exhibition me valut, concurremment avec une Monographie de l'église de Brou, la médaille de première classe, qui me fut remise en séance publique à Lyon.

En 1856, *le journal publié par la Société de l'instruction élémentaire, siégeant à Paris*, donnait le rapport lu en séance publique de cette Société, le 27 juillet de la même année, par M. Loudianxb, sur les objets relatifs à l'enseignement admis à l'Exposition universelle; en voici un extrait :

« Votre rapporteur se félicite de l'espoir de visiter prochainement tous
« les détails du cours de dessin établi depuis vingt ans dans cette école la
« Martinière, devenue célèbre bien au-delà des murs élargis de Lyon, et
« vous communiquer au retour le résultat de ces investigations conscien-
« cieuses, etc., etc. »

Dans son numéro de juillet 1857, le même journal dit (page 27) : «... Il
« s'agit du dessin industriel, dans la célèbre école la Martinière, à Lyon, où
« le dessin a pris une importance et donne des produits dignes de fixer l'at-
« tention bienveillante des sérieux amis de la jeunesse laborieuse et de notre
« belle patrie.

« Ils sont dus à M. Louis Dupasquier, architecte du Gouvernement,
« chargé de cette partie essentielle du programme de l'École ; sans s'arrê-
« ter aux errements ordinaires, M. Louis Dupasquier a tout créé pour la
« classe : la méthode avec ses développements et ses accessoires, et
« jusqu'au matériel dans ses moindres détails. Une foule de personnes ont
« remarqué dans le temps, au palais de l'Industrie, un modèle d'organisa-
« tion de cette classe, garni de ses chaises spéciales, de tout l'outillage et
« même de poupées assises, représentant les élèves au travail, réduits aux
« proportions d'une espèce de joujou. Ce modèle amusait les curieux ; mais
« les observateurs, rendant à cette exhibition, par la pensée, les grandeurs
« naturelles, entrevoyaient l'avantage de chaque innovation. Plus heureux,
« votre rapporteur a visité l'année dernière les choses mêmes ; conduit
« dans ses investigations par un ancien élève de M. Dupasquier, et mainte-
« nant l'un des chargés du cours, il a pu se rendre compte de tout sur
« place. L'auteur de cet admirable ensemble n'a voulu garder d'ailleurs
« aucun secret : il a publié tout son cours en un volume de texte fort lucide,
« et un atlas de planches très-correctes ; il s'est attaché à rendre ses leçons,
« soit orales, soit imprimées, intelligibles pour les élèves étrangers aux
« mathématiques : son texte contient l'explication de chaque principe, la
« raison de chaque procédé, jusqu'au devis de chaque ustensile.

« Aujourd'hui, vu la vérification du talent communicatif du professeur
« et de l'excellence persévérante de sa méthode, nous éprouvons un vrai
« plaisir à proclamer que la Société pour l'instruction élémentaire de Paris,
« a jugé M. Louis Dupasquier complétement digne de la médaille d'argent,
« récompense la plus élevée que décerne la Société. »

En 1863, M. Ratchinski, gentilhomme de la Chambre de S. M. l'Empereur de Russie, envoyé par son gouvernement pour étudier la Martinière, m'a fait prier de le recevoir et a passé plusieurs longues séances chez moi, pour comprendre complétement cette méthode que cependant il avait vu fonctionner à l'École, sous la direction de l'un de mes anciens élèves, actuellement chargé du cours.

En 1864, l'école Saint-Thomas-d'Aquin, à Oullins (Rhône), me priait de lui fournir les moyens d'introduire ma méthode de dessin dans son établissement.

En 1865, la même demande m'était faite par l'institution des Frères Maristes, à Neuville-sur-Saône.

En juin de la même année, M. Charles Bopp, envoyé extraordinaire du Ministre de l'instruction publique de Wurtemberg, me visitait pour être complétement initié aux idées ou principes développés dans mon Cours.

Enfin, sollicité depuis plusieurs années pour éditer une troisième édition, je me décide à ne pas attendre plus longtemps, et suis heureux (n'ayant plus à faire les frais des quarante et une planches de l'atlas) de pouvoir réduire de moitié le prix de cet ouvrage, car cela en rendra l'acquisition facile au plus grand nombre des élèves de la Martinière, ainsi qu'aux instituteurs primaires (1).

COURS DE SCULPTURE PRATIQUE.

Ce cours, dont seul j'ai eu la pensée, et que j'ai mis bien des années à organiser (voir ma brochure publiée en 1850), d'abord avec les modèles de mon atelier particulier, puis en 1846 avec ceux choisis par moi dans les ateliers du Louvre et donnés à l'École la Martinière par M. le Ministre de l'intérieur (sur la demande de M. Christophe Martin, ancien maire et député de Lyon), ce cours, dis-je, a réalisé le but que je m'étais proposé, celui de former des praticiens habiles, pouvant reproduire avec intelligence et talent les compositions des maîtres, quel qu'en fût le style ; car je m'étais appliqué à garnir successivement l'atelier de modèles variés, soit avec mes propres ressources, soit aussi avec le concours financier de l'Administration (2).

J'ai lieu de penser que cette création n'a pas été étrangère à la régénération de nos vieux quartiers de Lyon, en permettant aux spéculateurs d'ornementer économiquement les maisons reconstruites, et de donner ainsi à notre chère cité cette nouvelle apparence de grandeur due à l'initiative d'un gouvernement fort et éclairé.

La maison Richard, rue d'Algérie (ancien hôtel des Beaux-Arts), construite par moi en 1846, a été le premier exemple qui ait montré le parti que l'on pouvait tirer de ce nouvel élément artistique à Lyon, et je dois dire, à l'honneur de mes confrères, qu'ils en ont habilement profité.

CONCLUSION.

Je ne saurais terminer cette introduction sans rappeler les services rendus à l'École la Martinière par le docteur ALPHONSE DUPASQUIER, dont le mérite personnel a puissamment contribué à la réputation de l'École : personne n'ignore, en effet, que ce savant a su imprimer à l'enseignement de la chimie, soit à l'École de médecine, soit à la Martinière, un développement en rap-

---

(1) Il suffirait, sans doute, dans les écoles primaires, d'enseigner aux enfants les premiers chapitres de ce Cours, relatifs à la perspective pratique ainsi qu'aux éléments de géométrie et de perspective linéaire.

(2) Soixante-dix-huit à quatre-vingts modèles, fournis par moi et ma propriété, sont encore dans les ateliers de la Martinière, où je les ai laissés, en quittant l'enseignement, pour faciliter l'instruction des élèves.

port avec les besoins de ces deux établissements si différents dans leur but et leurs résultats (1).

Je suis également heureux de pouvoir rendre un pieux hommage à la mémoire de M. Tabareau, auquel la Martinière doit son organisation provisoire et surtout une nouvelle méthode pour l'enseignement des mathématiques.

Il importe aussi de ne pas oublier que c'est à M. Delacroix-Laval, maire de Lyon en 1828, qu'est dû le fonctionnement provisoire de l'École la Martinière, en attendant l'ordonnance royale approuvant cette institution (2).

Enfin, je dois dire que ma lettre publiée dans les journaux de Lyon, le 26 juin 1863, en réponse à celle de M. Tabareau, du 17 du même mois, n'ayant provoqué aucune réclamation de la part de M. Antonin Montmartin, je pense qu'il n'y a plus lieu de s'occuper des prétentions de cet administrateur ; mon principal but, en publiant en 1863 ma brochure sur l'École la Martinière, ayant été de bien établir en les spécifiant les créations faites par moi à cette école, sans jamais songer à y mêler une pensée de vanité ; mon seul désir ayant toujours été d'être utile à cette remarquable institution, qui a toutes mes sympathies et au succès de laquelle je m'intéresse vivement, parce que j'ai la confiance d'avoir, en compagnie de collaborateurs distingués, aidé à sa formation et à son développement.

Louis DUPASQUIER.

(1) Le docteur Alphonse Dupasquier a publié deux cours de chimie : l'un, spécial à l'enseignement de la Martinière, a été autographié pour être distribué aux élèves ; l'autre, relatif à la chimie générale appliquée à l'industrie, n'a pu être terminé par l'auteur ; mais le premier volume, de 800 pages, qui a paru de son vivant, a fait naître de vifs regrets, car il annonçait une œuvre complète, digne d'un homme sérieux et éclairé. Je crois inutile de rappeler ici les autres travaux publiés par mon frère, car ils sont connus de tous les savants, et sont constamment cités par eux.

(2) L'ordonnance royale approuvant l'institution n'a été rendue que le 9 novembre 1831, et son installation définitive aux Petits-Augustins n'a eu lieu qu'en 1833. (Voir le procès-verbal d'inauguration, du 2 décembre 1833, dans lequel M. Prunelle, maire de Lyon, rend pleine justice à son prédécesseur, M. de Lacroix-Laval, pour cette initiative importante.)

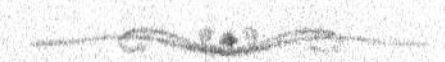

ENSEIGNEMENT DU DESSIN

À

L'ÉCOLE LA MARTINIÈRE

Par LOUIS DUPASQUIER.

LIVRE PREMIER.

ORGANISATION DES CLASSES.

CHAPITRE PREMIER.

DISPOSITIONS GÉNÉRALES.

Le nombre des élèves admis au cours de dessin est en moyenne de 350, soit environ 130 ayant déjà suivi le cours une année, et 220 nouveaux.

Les anciens élèves, classés par ordre de mérite, forment la première et la deuxième division; les nouveaux élèves sont répartis dans les deux autres.

Ces quatre divisions sont établies dans une immense salle séparée par des toiles en coutil, se développant à volonté, afin d'isoler une ou plusieurs divisions, lorsque cela devient nécessaire, soit à l'enseignement, soit à l'ordre général (*pl.* 31, *fig.* 1re).

Chaque division est formée de quatre sections (quatre cercles).

Chaque section, dans la première et la deuxième division, contient 15 élèves (*pl.* 31, *fig.* 2). Ce nombre s'élève à 20 dans les sections de la troisième et quatrième division (*pl.* 31, *fig.* 3).

Toutes les sections sont numérotées, ainsi que l'indique le plan général, de telle sorte que les numéros qui se suivent sont du même côté. Ainsi, on a placé dans la première division les numéros 1 et 2 à droite de la classe, et les numéros 3 et 4 sur la gauche; il en est de même des autres divisions.

Cette disposition a été adoptée pour mettre du même côté les élèves de même force, dans le but de ne pas être obligé de répéter les démonstrations générales, dès lors de gagner du temps.

Au moment où commencent les concours de fin d'année (1er mai), ces dispositions sont changées, les quatre cercles d'une division n'en forment plus alors que deux ; de cette manière, tous les élèves de la division dessinent le même modèle. Ce changement de front s'opère avec la plus grande facilité, sans nuire à l'ordre et au matériel de la classe : les deux cercles de droite s'ouvrent dans les deux demi-cercles de droite ; les deux cercles de gauche, dans les deux demi-cercles de gauche. Cette nouvelle disposition est indiquée, dans chaque division, par deux grands cercles ponctués (*pl.* 31, *fig.* 1ᵉ).

Le cours de perspective linéaire est enseigné aux anciens élèves, sur l'emplacement occupé par la première division. Celui professé aux nouveaux élèves a lieu dans la quatrième division. Comme ces cours ne se font pas à la même époque, on utilise les toiles de coutil, pour que cet enseignement exceptionnel ne dérange pas l'enseignement général de la classe.

L'ordre des siéges, pour le cours de perspective, est donné dans la planche 31, figure 4.

Planche 31, figure 2. — *Plan coté d'un cercle de la première et de la deuxième division, contenant quinze places.*

Les planches qui servent à dessiner sur papier occupant une surface plus grande que les ardoises, et le diamètre du cercle restant le même, il a fallu laisser plus d'espace entre les siéges, dès lors en diminuer le nombre.

Planche 31, figure 3. — *Plan coté d'un cercle de la troisième et de la quatrième division, contenant vingt places.*

La place des siéges est indiquée dans chaque subdivision par un parallélogramme ponctué, dont la diagonale tend au centre du cercle : la direction de cette diagonale est donnée, sur le sol, par des points de deux centimètres de diamètre, percés dans les cercles en pierre de Tonnerre, et remplis d'asphalte, afin que les élèves puissent voir, d'un coup d'œil, si leur siége est bien ou mal placé.

Le centre de chaque cercle est occupé par le porte-modèle qui sera décrit plus loin. Au moment des concours de fin d'année, ce porte-modèle prend la place du poêle.

En face des sections sont fixés des tableaux de démonstration de 0ᵐ,66 de largeur sur 0ᵐ,85 de hauteur, recouverts d'une peinture à l'huile bien poncée ; à ces tableaux sont accrochées une règle et une équerre, plus une éponge fixée à une chaînette en cuivre, ayant un mètre de longueur.

Un autre tableau, portant le numéro de la section, est divisé en six colonnes : la première reçoit le numéro d'ordre, la deuxième, le nom de l'élève ; la troisième et la quatrième, les punitions journalières de conduite et de travail (*pl.* 31, *fig.* 6). Un deuxième tableau disposé de même est utilisé pour les récompenses.

Au-dessous de chaque tableau de démonstration existe un banc ou tablette de 1ᵐ,20 de longueur, 0ᵐ,32 de largeur, sur une hauteur de 0ᵐ,31, servant à entreposer les ardoises, ainsi que les cartons dont on recouvre les dessins.

Pour la première et la deuxième division, ces bancs ont 2 mètres de longueur sur 0ᵐ,50, parce qu'en outre des ardoises on y entrepose les planches, ainsi que leurs cartons.

Dans chaque division sont placés, sur une tablette à rebord, recouverte en zinc, quatre grands godets remplis d'eau (*pl.* 29, *fig.* 13) ; ces godets servent à mouiller les éponges destinées au nettoiement des ardoises, et portent chacun le numéro de l'une des sections de la division.

Des planches entourées d'un cadre (*pl.* 29, *fig.* 12) sont scellées en face de chaque section de la première et de la deuxième division, pour y entreposer, par ordre de numéros, les tés et équerres, lorsque les élèves de ces divisions dessinent momentanément sur ardoise.

Un cadre fermant avec cadenas (*pl.* 30, *fig.* 9) est fixé à l'entrée de la classe ; il reçoit les clés des 16 porte-modèles dans les tiroirs desquels sont renfermés les étuis des sections.

Des cadres vitrés, de 1 mètre sur 0ᵐ,80, sont disposés autour de la salle, et reçoivent annuellement les dessins des élèves qui ont mérité les prix : tous les autres dessins, en y comprenant même les mentions, sont rendus aux élèves.

—

CHAPITRE II

DEVIS DESCRIPTIF ET ESTIMATIF DU MATÉRIEL ET DES OUTILS
DE LA CLASSE DE DESSIN.

Le pavage en asphalte, de 15 millimètres d'épaisseur, posé sur
5 centimètres de mortier, coûte, le mètre superficiel.   5 f. 50 c.

Les cercles en pierre de Tonnerre, de 0^m,03 d'épaisseur sur 0^m,12 de largeur, ainsi que les divisions de
0^m,06, le tout posé à bain de mortier; le mètre linéaire.   0   60

Un chiffre en porcelaine de 0^m,10 de largeur .   .   1   »

Chaque pierre de Tonnerre de 1 mètre de diamètre, recevant soit le porte-modèle, soit le poêle calori-
fère, coûte, posée à bain de mortier   8   »

Un porte-modèle (fig. 2, 3 *et* 8, *pl.* 30), construit
en bois de chêne, parfaitement assemblé   30   »

Sa ferrure, composée d'un croisillon fixant la tablette à la vis, et d'une serrure à un tour avec clé,
chaînette et numéro d'ordre   15   »

Sa peinture à l'huile.   0   50

45 f. 50 c.

Ce porte-modèle se compose d'un corps carré, dans lequel est
ajusté un tiroir en forme de fer à cheval, servant à entreposer les
étuis des élèves, et d'une tablette circulaire pouvant s'élever ou
s'abaisser de 0^m,20 par le moyen d'une vis; ce qui permet au
professeur de placer le modèle à dessiner dans la position qui lui
paraît la meilleure, pour que le développement des surfaces horizontales se présente le plus convenablement aux yeux des élèves.

Un bidet à tablette fixe (fig. 15 *et* 16, *pl.* 29), construit en bois
de chêne, à l'exception du siége en bois de noyer, et de la tablette
fixe, en bois de sapin emboîté avec chêne (*pl.* 30. *fig.* 1).   12 f. » c.

Peinture du bidet avec son numéro d'ordre.   .   .   0   35

Une chaînette en cuivre, de 0^m,60 de longueur,
avec piton et crochet   0   30

Une éponge fixée à la chaînette pour le nettoie-
ment de l'ardoise   0   30

A reporter.   .   12 f. 95 c.

Report. . . . . . . 12 f. 95 c.

Une ardoise (*pl.* 29, *fig.* 9) de 0^m,54 sur 0^m,38 et
de 5 à 6 millimètres d'épaisseur, encadrée avec bois
de chêne de 0^m,05 sur 0^m,02 d'épaisseur. . . .   3   »

Un carton de 0^m,50 sur 0^m,36   0   40

Un gros crochet pour recevoir la casquette de
l'élève   0   15
____

16 f. 50 c.

Un bidet à tablette mobile (*pl.* 29, *fig.* 17 *et* 18), pour les élèves
de la première et de la deuxième division, dessinant alternativement sur ardoise et sur papier.

Les dimensions générales de ce siège sont les mêmes que celles
du précédent, à l'exception de la tablette qui est plus grande pour
recevoir les feuilles de papier sur lesquelles se tracent les éléments
des ombres et du lavis. . . . .   12 f.   » c.

Sa ferrure (*fig.* 4, 5, 6 *et* 7. *pl.* 30), composée de
deux clavettes avec chaînettes ; de deux arcs de cercle fixés à la tablette par deux charnières ; enfin d'une
vis d'arrêt, servant à régulariser le glissement des
arcs lorsqu'on fait mouvoir la planchette   10   »

Les deux godets en ferblanc, avec plaque vissée
sur le côté droit et à la base de la tablette mobile,
pour recevoir l'eau nécessaire au lavis (*pl.* 29, *fig.* 14).   0   60

Une chaînette en cuivre, de 0^m,60, avec éponge.   0   60

Les deux godets creux et un godet plat en porcelaine (*fig.* 8, *pl.* 29).   0   40

Le té, de 0^m,65 sur 0^m,05 et l'équerre, de 0^m,13
sur 0^m,32 (*fig.* 10 *et* 19, *pl.* 29).   1   10

La planche du lavis, de 0^m,81 sur 0^m,69, avec
la petite plaque pour recevoir les godets en ferblanc.   3   »

Le carton recouvrant la planche   0   75

Une éponge fine pour lavis, avec son numéro d'ordre en cuivre   0   50
____

28 f. 95 c.

NOTA. — Les bidets ne changent jamais de place ; or, comme ils portent
des numéros correspondant à ceux placés dans le pavage de la salle, et que
les étuis et outils sont également numérotés, il en résulte une inspection
facile et un ordre parfait.

Un tableau de démonstration, de 0^m,85 sur 0^m,66, fixé au
mur. . . . .   6 f. » c.
    Peinture à l'huile poncée   1   »
    Une règle, de 0^m,80 de longueur sur 0^m,05 . }
    Une équerre à 45 degrés, de 0^m,35 de côté . . . } 1   10
    Une grosse éponge avec chaînette en cuivre . .   2   25

                          10 f. 35 c.

Un tableau recevant le nom et le n° de l'élève .   6   »
Une éponge avec chaînette en cuivre   2   »
La peinture de ce tableau avec divisions (*ton blanc*).   4   »

                          12 f. »

Un banc ou *tablette à rebord*, pour entreposer les ardoises et
cartons de la 3e et de la 4e division; longueur 1^m,20,
hauteur 0^m,31, largeur 0^m,50. . . . .   6 f. » c.
    Un banc recevant les ardoises, cartons et planches
de la 1re et de la 2e division; longueur 2^m,00, largeur 0^m,50, hauteur 0^m,31   10   »
    Un cadre en bois de sapin du Nord, avec filets, de
1^m,00 sur 0^m,80, hors œuvre, en y comprenant la
vitre, le carton, ainsi que le collage du dessin, l'un. .   10   »
    Un arrosoir pour distribuer l'eau à la première
division   7   »
    Un porte-godet avec consoles. . . . . 3 » }
    Quatre godets à 1 fr., ensemble . . . 4 » }   7   »

Un étui en ferblanc, divisé en deux compartiments,
pour les élèves dessinant sur ardoise (*pl.* 29, *fig.* 11).   0   40
    Il contient :
    1° Une lime pour tailler le crayon-ardoise (*fig.* 3
et 6)   0   40
    2° Une estompe pour effacer les fractions de des-
sin à rectifier (*fig.* 7)   0   35
    3° Un décimètre servant à fixer la dimension de-
mandée à chaque dessin (*fig.* 2)   0   30
    4° Enfin un porte-crayon en cuivre (*fig.* 4). . .   0   40

                          1 f. 85 c.

L'étui carré des élèves dessinant alternativement sur ardoise
et sur papier (*pl. 29, fig. 1re*). . . . . 1 f. » c.

Il contient :

1° Une lime, une estompe, un décimètre, un porte-
crayon, un crayon-ardoise 1 45
2° Un compas à pointe sèche et porte-crayon (*fig. 5*) 5 »
3° Un canif à une lame 0 60
4° Une gomme élastique 0 10
5° Un bâton colle à bouche 0 05
6° Un pinceau avec ante 1 35
7° Une tablette encre de Chine 1 50
8° Huit tablettes de couleur, *carmin, ocre rouge,
ocre jaune, gomme-gutte, bleu indigo, bleu de Prusse,
terre d'Ombre brûlée, terre de Sienne brûlée* . . . 1 20
____
12 f. 25 c.

Une grosse de crayons mine de plomb coûte . . 18 f. » c.
Un paquet de 100 crayons-ardoise 0 75
Une boîte de 144 crayons blanc 1 50
____

Le professeur et les répétiteurs ont chacun :

1° Un *tableau vérificateur* (*pl. 1re, fig. 1re*) pour aider à faire
comprendre à quelques élèves la pente des lignes et le développement des surfaces . . . . 5 »
2° Une éponge portant le numéro de la division . 1 25
3° Un carnet sur lequel on écrit les notes relatives
au travail et à la conduite des élèves 0 75
4° Un canif et un crayon blanc pour la démonstration. 0 62
____
7 f. 62 c.

Chaque chef de section a deux planchettes portant le numéro
de sa section : l'une sert à inscrire le travail demandé et le temps
accordé pour son exécution, la seconde à prendre des notes lors de
l'inspection des outils. *La longueur d'une planchette
est de 0m,40, non compris la poignée; la largeur est
de 0m,30* 2 50

Un carnet pour inscrire provisoirement le nom des
élèves 0 50
____
3 f. » c.

—

CHAPITRE III

Le personnel de la classe se compose d'*un professeur*, de *quatre répétiteurs*, d'un *aide* ou *conservateur* du matériel et des outils, enfin d'*un surveillant*.

La séance d'une heure trois quarts est réduite à une heure et demie d'étude réelle, les lundi, mardi, mercredi, vendredi et samedi de chaque semaine.

L'année scolaire commençant le 3 novembre, et finissant fin juillet, c'est environ neuf mois ou 240 heures d'étude pour une année, déduction faite des jours fériés.

Le professeur dirige l'enseignement, surveille s'il se fait suivant ses instructions, enfin démontre lui-même le complément du cours à la première division.

Les répétiteurs donnent la leçon sur les indications du professeur, fixent l'échelle pour chaque dessin, ainsi que le temps accordé pour l'achever; ils prennent des notes sur le travail, l'aptitude et le progrès de chaque élève, afin de pouvoir répondre immédiatement aux renseignements qui peuvent leur être demandés sur chacun d'eux, et surtout pour être prêts à les classer par ordre de mérite, lors des mutations qui doivent se faire tous les quinze jours, puis tous les mois, jusqu'en mai, époque où commencent les concours de fin d'année.

Le professeur et les répétiteurs seuls ont le droit de punition pour le travail.

Le nettoiement des ardoises, le changement des modèles, la fixation de l'échelle, la vérification des outils, enfin tous les mouvements généraux relatifs au travail doivent être dictés d'ensemble, et autant que possible pendant les cinq minutes qui précèdent l'ouverture de la séance ou les cinq minutes avant la sortie des classes; de cette manière, point de perte de temps, point de prétexte ou de cause de désordre.

L'aide ou *conservateur* est chargé de tout le matériel et outils de la classe; à l'époque des inspections il prend note des outils détériorés ou perdus, et les remplace aux frais des élèves; en outre, il assiste à l'entrée des chefs de section et surveille l'exécution des mesures prescrites par le règlement. Constamment présent aux séances, il délivre sur l'ordre du professeur les objets nécessaires à l'enseignement ; enfin, il est chargé de la comptabilité ainsi que de toutes les écritures relatives à la classe de dessin.

A la fin de l'année scolaire il fait rentrer en magasin les bons outils, et présente à la signature du professeur la note des approvisionnements à faire pour l'année suivante.

Le surveillant est spécialement chargé de maintenir l'ordre pendant la classe ; il ne peut punir que pour mauvaise conduite.

A l'ouverture de la classe et durant les cinq minutes accordées pour se préparer au travail, cet employé prend note des élèves absents et les inscrit sur un registre spécial. A la fin de la séance, il vérifie les tableaux placés en face de chaque section et note sur son carnet le nom des élèves punis pour leur conduite ou leur travail ; il fait ensuite son rapport au professeur avant de transcrire ces notes sur le registre de l'Ecole.

Les chefs de section montent cinq minutes avant l'heure de la classe : en arrivant, ils prennent au tableau placé à l'entrée de la salle la clé de leur section, ouvrent le tiroir du porte-modèle, et distribuent par ordre de numéros sur chaque bidet ou chaise les étuis qui y sont renfermés ; ils enlèvent les cartons recouvrant les dessins, et vont les placer sur les bancs établis contre les murs latéraux. Ils utilisent ensuite le godet d'eau de leur section pour mouiller, sans la déplacer, l'éponge fixée à chaque bidet, ainsi que celles des tableaux de démonstrations et de punitions. Après quoi, ils viennent prendre position aux points A (*pl.* 31, *fig.* 1re), pour inspecter l'entrée des élèves, et diriger la colonne dans son développement autour du cercle de leur section (1).

Le brigadier, placé à l'extrémité de chaque section, fait l'appel des élèves pour la formation de la colonne avant l'entrée en classe.

Les élèves, placés sur deux rangs, ayant le surveillant en tête de la colonne, les chefs adjoints en avant de chaque section, et le brigadier en arrière, entrent en classe dans l'ordre des divisions, sections et numéros d'ordre, sans bruit et la tête nue. Ils restent en colonne au centre de la classe et attendent le signal convenu pour se rendre à leurs places, en se développant autour des cercles : le rang de droite sur les cercles à droite, et le rang de gauche sur les cercles à gauche.

---

(1) Dans les sections dépassant le nombre 15, le chef adjoint monte avec le chef de section pour l'aider dans l'accomplissement des préparatifs indiqués. Lorsque le chef de section est malade ou absent, il est remplacé par le chef adjoint.

Les dernières sections entrent les premières ; c'est l'inverse pour la sortie, qui commence par les premières sections.

Au premier coup de cloche sonné par le surveillant, les élèves se développent et vont se placer en face de leurs chaises ; au second coup de cloche, il s'asseyent, et placent leurs casquettes aux crochets fixés sous le siége des bidets. Cinq minutes plus tard (*temps accordé pour se préparer à l'étude*), un dernier coup de cloche annonce que le travail doit commencer.

Durant ces cinq minutes, le travail doit être dicté, les modèles changés, les ardoises nettoyées, etc., etc.

Tout élève arrivant après le dernier coup de cloche n'est plus admis dans la classe ; on le note comme absent.

Les élèves sont responsables des outils qui leur sont confiés.

Cinq minutes avant la fin de la séance, annoncée par un premier coup de cloche, les chefs de section réunissent les outils et les ferment dans le tiroir du porte-modèle dont ils retirent la clé ; ils viennent ensuite se placer au point B (*pl.* 31, *fig.* 1re). Au second coup de cloche, les élèves prennent leurs casquettes et se lèvent ; au troisième, ils se développent en ordre, et se rangent en colonne au centre de la classe, ayant le brigadier en tête, venant se placer derrière le chef de section. Au quatrième coup de cloche, la colonne se met en mouvement pour sortir en commençant par la première division.

En passant près du tableau scellé à côté de la porte d'entrée, les chefs de section y accrochent les clés des porte-modèles ; *l'aide* conserve la clé de ce tableau jusqu'à l'ouverture de la séance suivante.

Messieurs les répétiteurs se placent au centre de leur division pour inspecter le mouvement ; *le surveillant* et *l'aide* le font exécuter.

Les mutations se font d'après les notes prises journellement par le professeur et les répétiteurs ; on résume ces notes par les cinq voyelles A E I O U.

A signifie très-bien ; E, bien ; I, passable ; O, mauvais ; U, très-mauvais.

Pour opérer ces mutations, on fait placer les élèves en deux colonnes parallèlement aux murs latéraux, puis on les appelle suivant leur rang de mérite.

On nomme à nouveau les chefs de section, les chefs adjoints et brigadiers, après quoi l'ordre de la classe reprend son cours comme par le passé.

Les nouveaux chefs de section inscrivent sur leur carnet le nom et le numéro d'ordre de chaque élève, ainsi que la date de la mutation; ils les écrivent ensuite au crayon blanc sur le tableau de la section.

OUTILS.

Les outils portent le numéro d'une chaise ou bidet, et ne changent jamais de place.

L'inspection de ces outils se fait par les chefs de section avant les mutations; *l'aide* ou *conservateur* prend note du nom et du numéro des élèves qui ont perdu, cassé ou détérioré un ou plusieurs outils.

L'inspection se renouvelle après la mutation par les nouveaux chefs de section, pour s'assurer que la première inspection a été exacte.

Cette double opération se fait d'ensemble pour les anciens ou les nouveaux élèves, et dès lors occupe fort peu de temps.

Lorsque *le professeur* ordonne une inspection, chaque élève place en ordre sur la tablette de son bidet la totalité des outils qui lui sont confiés; les chefs de section font alors leur tournée, en inscrivant sur leur planchette les outils à remplacer; ils mettent en regard le nom de l'élève et le numéro de sa place, puis transmettent toutes ses notes à *l'aide*, qui les relève sur son carnet en y ajoutant le numéro des sections.

Lorsque la contre-inspection est terminée, *l'aide* distribue immédiatement aux nouveaux chefs de section les outils remplaçant ceux détériorés; il présente ensuite à la signature du professeur, pour la remettre au Directeur après la séance, la note des élèves en défaut, avec indication en marge du prix de chaque outil à réparer ou à remplacer.

En outre des outils contenus dans les étuis de chaque division, tel que cela est indiqué au devis détaillé plus haut, il est distribué :

Le premier et le troisième lundi de chaque mois, un crayon-ardoise aux sections dessinant sur ardoise;

Tous les deux mois, deux crayons mine de plomb numéros 2 et 3, et un bâton colle à bouche aux élèves de la première division (1).

(1) Les élèves de la 2ᵉ division dessinant alternativement sur ardoise et sur papier, reçoivent des crayons mine de plomb ou ardoise, suivant le travail qui leur est demandé, ou cal-

Tout élève à qui ces distributions ne suffisent pas, paie à *l'aide* le supplément qui lui est fourni sur sa demande.

Une *tablette*, placée à l'entrée des classes, est divisée en seize compartiments ; elle reçoit d'avance toutes les fournitures à distribuer à chaque section. A l'ouverture de la séance, les chefs de section viennent prendre ces fournitures pour les livrer aux élèves.

Le samedi qui précède chaque distribution, les chefs de section doivent réunir et rapporter à *l'aide* les bouts de crayons restant de la distribution précédente.

Les canifs sont aiguisés tous les quinze jours : à cet effet, les chefs de section de la première et de la deuxième division réunissent alternativement les canifs des sections et les apportent à *l'aide*, le mercredi, à la fin de la séance : c'est donc soixante canifs à repasser tous les huit jours. Ce travail est confié au surveillant.

calant la durée de chaque crayon, ainsi que cela est expliqué ci-dessus. Comme les élèves de cette division ne collent leur papier que sur l'angle, il ne leur est délivré qu'un bâton de colle à bouche pour toute l'année.

COURS DE DESSIN,

METHODE DUPASQUIER.

LIVRE II.

—

PERSPECTIVE PRATIQUE.

OBSERVATIONS PRÉLIMINAIRES.

Ainsi que je l'ai dit, le personnel enseignant de la classe de dessin se compose du *professeur* et de *quatre répétiteurs*; le nombre des élèves étant en moyenne de 350, il en résulte que chaque répétiteur enseigne à 75 élèves, divisés en quatre sections, le professeur ne se réservant que 40 à 50 élèves, afin de pouvoir diriger et inspecter l'ensemble de l'enseignement :

La durée de la leçon n'étant en réalité que d'une heure et demie, j'ai dû, pour que l'enseignement d'un aussi grand nombre d'élèves fût complet, admettre les mesures suivantes :

En entrant en classe, le professeur ainsi que les répétiteurs doivent donner un coup d'œil général à l'ensemble des sections de leur division respective, pour s'assurer que toutes ont leur travail tracé; ce n'est qu'après cette inspection d'ensemble que doit commencer l'inspection de détail de chacune des sections.

Le professeur (ou le répétiteur) ne doit jamais s'arrêter près d'un élève pour le corriger, il doit, au contraire, voir la section entière; puis, lorsqu'il a effacé avec l'éponge humide les défauts de chaque élève, il va au tableau, rappelle la démonstration si elle n'a pas été comprise, ou la répète sous une forme différente, s'il y a lieu, pour la rendre plus intelligible.

Lorsque le professeur (ou le répétiteur) a vu ainsi toutes les sections de sa division, il revient à la première, afin de s'assurer que les nouveaux développements donnés sont définitivement compris. Il ne faut dévier de cette règle qu'autant qu'une erreur n'existerait que sur un ou deux dessins de la section ; mais la plupart du temps il vaut mieux encore revenir à l'usage, et faire de cette erreur isolée le sujet d'une nouvelle démonstration qui profite à tous les élèves.

En généralisant ainsi l'enseignement, on a le double avantage de gagner beaucoup de temps et de pouvoir répéter plusieurs fois la démonstration à chaque section : ce qui serait impossible si l'on donnait la leçon isolément à 75 élèves, car alors on n'aurait qu'une minute environ à consacrer à chacun d'eux.

Le professeur (ou le répétiteur) doit toujours accompagner ses démonstrations de figures tracées à la craie blanche sur les tableaux de la section; en parlant aux yeux en même temps qu'à l'intelligence, on frappe plus vivement l'imagination des élèves (1).

Une démonstration, pour être bien comprise, doit être brève et simplement exposée : il convient, lorsqu'un modèle à copier est compliqué, de le décomposer pour le démontrer fractionnellement et à plusieurs reprises.

Un professeur doit être persuadé qu'un défaut qui se généralise, est presque constamment déterminé par une démonstration insuffisante ; c'est à celui qui enseigne à le comprendre, à compléter la leçon sans donner prise à la critique (2).

J'ai eu l'occasion de dire qu'ayant remarqué, au début de l'enseignement, la difficulté de faire comprendre aux élèves le *parallélisme* et la *direction* des lignes en perspective, ainsi que le *développement proportionnel des surfaces*, je fus conduit à donner théoriquement des notions élémentaires de perspective linéaire ; mais, comme en revenant aux modèles reliefs les élèves éprouvaient encore de sérieuses difficultés à faire l'application des principes qui leur avaient été enseignés, je dus chercher un moyen qui, s'adressant aux yeux et à l'intelligence, ne fût pas perdu pour l'exercice de la main. C'est pour remplir ce but que j'organisai et fis établir les modèles suivants.

(1) Il est bon de faire observer que la figure tracée par le professeur à l'appui de sa démonstration parlée, ne peut être copiée par les élèves qui tous aperçoivent le modèle sous un point de vue différent.

(2) L'emploi de l'ardoise aide puissamment le professeur par la facilité qu'elle lui donne d'effacer rapidement les dessins inexacts ; il convient donc d'user largement de cette facilité pour faire prendre aux élèves de bonnes habitudes, en les obligeant à suivre les leçons du maître.

DEVIS.

MODÈLES EN FIL DE FER.

PLANCHE I.

N° 1. Tableau en verre, de 0^m,15 du côté, monté
sur cuivre . . . . 6 f. » c.

N° 2. Parallèles horizontales, de 0^m,20 de
côté. . . . . 2 f. » c. }
Le pied en bois tourné . . . . . 1 » } 3 »

N° 3. Parallèles verticales, de 0^m,20 de côté . . 3 »

N° 4. Pyramide de 0^m,20 de hauteur . 2 f. » c. }
Le pied. . . . . 1 » } 3 »

N° 7. Surface horizontale avec parallèle. . . . 3 »

PLANCHE II.

N° 2. Surface horizontale ou base du cube, de
0^m,20 de côté . . . . 3 »

N° 4. Cube de 0^m,20 de hauteur . . . 2 f. 50 c. }
Le pied . . . . 1 » } 3 50

N° 5. Cercle vertical inscrit dans un carré de 0^m,20
de côté 3 50

N° 7. Cercle horizontal, id., id. 3 50

N° 8. Double cercle horizontal, de 0^m,20 de diamètre. 3 50

N° 9. Double cercle vertical, id 3 50

N° 11. Cercles concentriques, le grand diamètre
de 0^m,30, et le petit, de 0^m,20 . . . . . 4 »

N° 10. Sphère de 0^m,25 de diamètre. . . . 6 »

Le tore entier, de 0^m,40 de diamètre. (La *pl.* 3,
fig. 1re, donne la moitié de ce modèle.) . . . 8 »

56 f. 50 c.

MODÈLES EN BOIS.

PLANCHE III.

N° 5. Une base de 0^m,22 de diamètre, mesurée
au fût . . . . 10 f. » c.
N° 7. Un chapiteau de 0^m,18 de diamètre . . . . 10 »

PLANCHES IV ET XVII.

Une colonne toscane sans piédestal, de 0^m,53
de hauteur . . . . 15 »
Modèle à quatre colonnes de 1^m,00 de hauteur . . 60 »
                                                          ————
                                                          95 f. » c.

RÉCAPITULATION.

Modèles en fil de fer (1) . . . . 56 f. 50 c.
Modèles en bois (2) . . . . 95 »
                                                          ————
          TOTAL . . . . 151 f. 50 c.

(1) Ces modèles se trouvent chez M. Gauthier, ferblantier, place des Célestins.
(2) Ceux en bois chez M. Fournier, menuisier, rue Montesquieu, à la Guillotière.

PERSPECTIVE PRATIQUE.

CHAPITRE IV.

DIRECTION ET PARALLÉLISME DES LIGNES EN PERSPECTIVE.

PLANCHE PREMIÈRE.

PARALLÈLES HORIZONTALES SUR UN PLAN VERTICAL.

DESSIN GÉOMÉTRAL.

Figure 2. — Ce modèle se dessine géométralement sur $0^m,15$ de hauteur, en traçant avec exactitude le carré ABCD; en divisant les côtés verticaux en quatre parties égales; enfin, en réunissant par des lignes droites les points HI, EG, KL. — Ces lignes étant également distantes entre elles dans toute leur longueur, sont dites *parallèles*.

Le professeur doit insister pour que les lignes et les angles du carré soient parfaitement droits; afin que, dès le début, l'élève s'exerce l'œil et la main à l'exactitude des formes et s'habitue à être sévère avec lui-même (1).

Ce dessin terminé, on demande de tracer ce même modèle, tel qu'il se présente à l'œil de chaque élève.

DESSIN PERSPECTIF.

Figure 2 bis. — Les élèves étant placés autour du modèle, chacun d'eux le voit sous un aspect différent; ils devront donc comparer la largeur avec la hauteur dictée (soit $0^m,15$); puis, lorsqu'ils auront dessiné la verticale AC, ils traceront la deuxième verticale BD indéfinie.

Divisant la verticale AC en quatre parties égales, cherchant ensuite avec le crayon, placé horizontalement entre les deux index, le point où viendrait aboutir sur la ligne verticale AC la ligne horizontale BN, on déterminera le point de rencontre N

(1) Il y a peu d'élèves qui ne puissent tracer une ligne droite et un carré parfait

qui, dans la fig. 2 *bis*, divise en trois la hauteur fractionnelle AH. On opérera de même à la base; puis, par les deux points N, O, trouvés sur le modèle et marqués sur le dessin commencé, les élèves feront passer les deux lignes horizontales et ponctuées NB, OD, qui viendront couper la verticale BD en deux points B et D; traçant alors les deux lignes AB, CD, ils auront le carré en perspective.

Pour trouver la direction des parallèles à l'intérieur du carré, on divise la verticale BD en quatre parties égales; après quoi, réunissant, ainsi qu'on l'a fait dans le dessin géométral, les points HI, EG, KL, par des lignes droites, on aura la direction des parallèles demandées.

On arriverait au même résultat, si, prolongeant les deux côtés horizontaux AB, CD du carré mis en perspective jusqu'à leur rencontre, on dirigeait à ce point des lignes partant des points H, E, K, car elles couperaient infailliblement la verticale BD aux points I, G, L. (*Théorie des lignes proportionnelles.*) D'où il faut conclure que ces lignes se dirigeant à un seul point, ne restent pas parallèles en perspective, quoique parallèles géométralement.

Le professeur résume alors la leçon en faisant remarquer aux élèves :

1° *Que les lignes horizontales*, tracées sur un plan vertical, tendant à se rapprocher en se dirigeant sur un seul point, *ne restent pas parallèles en perspective;*

2° *Que la largeur du carré* diminue en apparence, quoique en réalité cette largeur soit égale à la hauteur.

Nota. — Lorsque le professeur rencontre quelques élèves ne pouvant comprendre le moyen d'apprécier la réduction de la largeur comparée à la hauteur, ou bien encore la pente des côtés du carré, il utilise un instrument que je nomme *tableau* (*fig.* 1ʳᵉ), composé de 16 carrés égaux tracés sur une vitre à travers laquelle on voit le modèle à dessiner. Il est rare qu'après avoir mis cet instrument entre les mains des élèves dont l'intelligence est peu développée, ils ne comprennent pas l'inclinaison des lignes et la diminution de largeur des surfaces en perspective.

PARALLÈLES VERTICALES SUR UN PLAN VERTICAL.

—

DESSIN GÉOMÉTRAL.

Figure 3. — Procéder pour l'ensemble du carré géométral comme pour la figure précédente (*fig.* 2); faire tracer les deux diagonales AD, CB, pour obtenir l'intersection E donnant le centre du carré. Si l'on prend le milieu des deux côtés AB, CD, du carré, soit en G et H, et que par les points G, H, on fasse passer une ligne droite, elle passera également par le point du centre E; le carré, par cette opération, sera divisé en deux parallélogrammes égaux.

Si l'on opère sur ces deux parallélogrammes comme on l'a fait pour le carré ABCD, chacun de ces deux parallélogrammes sera divisé verticalement en deux parties égales, par les deux parallèles verticales KL, MN.

Le carré ABCD sera donc divisé en quatre parties égales par les trois parallèles verticales KL, GH, MN.

DESSIN PERSPECTIF.

Cherchant en perspective le carré figure 3 *bis* (ainsi qu'il a été expliqué à la figure 2 *bis*), et que par deux diagonales on obtienne le centre E, on y fera passer une verticale GH, qui divisera perspectivement le carré en deux parties proportionnelles; continuant ensuite l'opération en dessinant les diagonales dans les deux parallélogrammes AGHC, GBDH, trouvés en perspective, on pourra tracer les deux verticales KL, MN.

Conclure de cette figure 3 *bis que les parallèles verticales restent parallèles en perspective.*

MOYEN DE TRACER GÉOMÉTRALEMENT DES LIGNES PARALLÈLES, HORIZONTALES ET VERTICALES AVEC UN TÉ ET UNE ÉQUERRE.

PARALLÈLES HORIZONTALES.

Figure 6. — Si l'on applique un té sur le côté vertical RS d'une planchette ou surface plane, et que l'on fasse courir cet instrument sur ce côté, on obtient les lignes parallèles horizontales AB, CD, EG, KL, MN, OP.

PARALLÈLES VERTICALES.

Figure 5. — Plaçant un té sur le côté vertical d'une planchette, soit VX, si l'on y applique une équerre et que l'on fasse courir cette équerre sur le té, on obtiendra les parallèles verticales AB, CD, EG.

PARALLÈLES HORIZONTALES SUR UN PLAN HORIZONTAL.

Figure 7. — Cette figure, dont les proportions sont dictées aux élèves, a pour but de leur faire comprendre que les parallèles placées sur un plan horizontal se comportent comme les parallèles horizontales tracées dans un plan vertical (*fig.* 2 *bis*); que dès lors *elles ne restent pas parallèles en perspective*, quoique parallèles géométralement.

MOYEN D'ÉTABLIR UNE ÉCHELLE.

Figure 8. — Une longueur EM étant donnée pour *un mètre*, si l'on veut la diviser en décimètres et centimètres, on commencera par obtenir avec le compas dix parties égales; puis, établissant sur la première partie un triangle dont la base AB aurait un centimètre, on divisera cette base en dix parties ayant chacune un millimètre. Si de ces subdivisions tracées sur AB on dirige des lignes au sommet du triangle en C, on aura coupé la fraction EG de l'échelle en dix parties égales, dès lors proportionnelles à celles établies sur la base AB. (*Théorie des lignes proportionnelles.*)

DESSIN D'UNE PYRAMIDE.

Figure 4. — L'étude de cette figure a pour but principal d'exercer l'élève à réunir en un sommet les pentes d'un solide dont la base est connue.

PERSPECTIVE PRATIQUE.

CHAPITRE V.

DÉVELOPPEMENT DES SURFACES.

PLANCHE II.

Pendant plusieurs années j'ai fait dessiner la base d'un cube (*fig.* 2) par les moyens employés dans les écoles de dessin, je veux dire, en faisant comparer les pentes entre elles. Mais lorsqu'on voulait faire l'application de cette méthode aux dessins d'après nature, on y employait beaucoup de temps sans résultat satisfaisant. Il devenait donc nécessaire, dans une école où le nombre des élèves augmentait tous les ans, de trouver un principe sûr pour résoudre d'une manière exacte et prompte le problème suivant :

La pente de l'un des côtés d'un parallélogramme étant donnée, trouver par une simple formule la pente du deuxième côté.

Comme il est démontré en perspective que deux lignes de 45 degrés se dirigeant à deux points de distance ont des pentes égales, et que les parallèles à la base du tableau restent parallèles en perspective, je dus conclure qu'il devait exister un rapport dans les pentes des lignes accidentelles, et que ce rapport devait être déterminé par le développement proportionnel des surfaces.

En effet (*fig.* 12), les deux lignes de 45 degrés AC, CB, projetées sur le diamètre, donnent deux développements égaux A'C, B'C; aussi les pentes en perspective sont-elles égales.

L'angle KCL ayant l'un des côtés CL parallèle à la base, ce côté seul se développe à l'œil du spectateur, car celui CK se confond dans le rayon visuel qui, partant de l'œil, arrive au centre du modèle. Entre ces deux angles, formés l'un par des diagonales ou lignes de 45 degrés, l'autre par une parallèle à la base et une perpendiculaire allant au point de vue, il existe des angles qui peuvent être formés par des lignes plus ou moins obliques; soit, par exemple, l'angle ECD : si l'on projette sur le diamètre les deux points E et D en E'D', on trouvera que la profondeur E'E est à la profondeur D'D, comme le développement C D' est au développement C E' ou les 2/5ᵉ. Donc, pour connaître en perspective la pente de la ligne CE (celle de la ligne CD étant trouvée), il faudrait prendre les 2/5⁰ de la hauteur donnée par la pente de la ligne CD, puis, par ces 2/5⁰, mener une ligne horizontale pour obtenir la pente de la deuxième ligne : d'où il faut conclure que la pente des deux lignes CD, CE, doit se tracer dans le rapport inverse du développement perspectif des surfaces que ces lignes représentent.

La solution de ce problème de la pente des lignes comparée au développement des surfaces est d'une grande importance pour l'enseignement; elle frappe l'imagination des élèves, et leur donne le moyen de ne jamais hésiter à l'application, rendue si simple, qu'il faut moins de temps pour dessiner un carré en perspective que pour en faire la démonstration.

NOTA. — Je ne connais aucun auteur ayant eu la pensée de chercher à résoudre ce problème, ainsi que je l'expliquerai à la fin de ce chapitre.

PREMIER EXEMPLE.

Figure 1ʳᵉ. — *Soit le carré ABCD à mettre en perspective.*

Après avoir marqué l'axe EG, ainsi que les extrémités de la diagonale AC, placées à égales distances du même axe, l'élève cherche la position du troisième angle B; puis, comparant le développement projeté horizontalement du côté AB, avec la projection sur la même ligne du côté BC, il établit le rapport existant entre eux : soit comme 1 est à 4. Divisant alors en quatre parties égales la verticale élevée à l'angle B jusqu'à la rencontre de la ligne horizontale AH, il fait passer par la première division n° 1 une ligne horizontale arrivant en C; s'il réunit les points B et C par une ligne droite, il aura trouvé la pente cherchée.

Traçant ensuite la diagonale AC, elle coupera l'axe au point O, et donnera le centre du carré; partant alors de l'angle B et tirant une ligne indéfinie passant par ce même centre O, il restera à fixer la position du 4ᵉ angle D, pour avoir les deux côtés formant le complément du carré.

Si l'on diminue d'un douzième la deuxième partie de la diagonale, soit OD, et que l'on trace les lignes AD, CD, le carré obtenu sera fait aussi exactement que si l'on eût opéré par les projections.

J'eusse désiré déterminer d'une manière précise la diminution de la moitié de la diagonale OD, ainsi que je l'ai fait pour la pente des lignes comparée au développement des surfaces; mais il paraît difficile de trouver un rapport progressif et sûr pour établir cette diminution proportionnelle (1). Cependant je peux dire que cette diminution est d'autant plus faible que la distance est plus grande.

Je le répète donc, avec la disposition des cercles de la classe de dessin, le modèle étant distant de l'élève de dix à douze fois sa plus grande dimension (2), si l'on diminue cette deuxième fraction de diagonale d'un dixième ou d'un douzième (*suivant que le modèle est plus ou moins grand*), on obtient un résultat aussi satisfaisant que si l'on y arrivait par une opération de géométrie descriptive.

Quant à la diagonale AC, qui se trouve être presque parallèle au spectateur, il serait puéril, à l'application, de s'occuper de la différence théorique qui peut exister entre la diminution perspective de ses deux fractions AO, OC; nous les considérerons donc comme étant égales.

DEUXIÈME EXEMPLE.

Faire l'application du principe développé ci-dessus aux figures 2 et 3.

Dans la figure 2, le plus petit côté AB sur la gauche entrant deux fois dans le plus grand AC, il en résulte qu'il faut diviser en deux la perpendiculaire élevée en A pour faire passer par la première division une ligne horizontale servant à déterminer la pente du grand côté AC.

Dans la figure 3, les développements des côtés étant égaux, les pentes sont égales.

TROISIÈME EXEMPLE.

Cube en perspective.

On comprendra facilement que si ce modèle (*fig.* 4) était un solide non transparent, chaque élève ne pourrait voir que deux de ses surfaces verticales, et peut-être une de celles horizontales;

(1) Il ne s'agit pas ici d'une opération perspective, mais du moyen de trouver cette proportion par une simple formule.

(2) Le rayon du cercle est de 2^m,25 à 2^m,50, et les modèles ont, en général, 0^m,20 de côté ou de diamètre.

que dès lors il serait fort difficile de faire comparer le développement proportionnel des six surfaces qui le composent, et surtout de démontrer clairement et promptement comment doit se placer la ligne d'horizon.

Figure 4. — *Dessiner un cube présentant verticalement deux surfaces inégales* (1).

Tracez un axe; fixez sur cet axe la hauteur dictée par le professeur, soit $0^m,15$; cherchez la largeur apparente de la diagonale, comparée à la hauteur dictée, en traçant sur la droite et sur la gauche, à des distances égales, les deux verticales indéfinies AB, CD; puis, comparant le développement des deux surfaces AEGB et ECDG, soit celle de gauche, la moitié de celle de droite, tracez la troisième verticale EG.

Rapportant sur cette verticale la hauteur de $0^m,15$, déterminée sur l'axe au début de l'opération, cherchez la pente AE, en procédant ainsi que cela a été expliqué à la première planche (*fig.* 2 *bis.*) Complétez le tracé du carré AECH tel qu'il a été dit à la figure précédente, enfin répétez la même opération à la base, pour trouver le carré en perspective BGDK.

Si ces opérations ont été faites exactement, la verticale élevée à l'angle K passera par l'angle H du carré supérieur, et la surface HCDK sera plus développée que celle AEGB.

Ce tracé achevé, faites comparer aux élèves le développement des surfaces horizontales pour déterminer la hauteur de la ligne d'horizon : dans la figure 4, le développement de la surface au sommet est au développement de la surface à la base comme 2 est à 3; la ligne d'horizon a donc été placée aux $2/5^{es}$ de la hauteur totale du dessin. Ce qui revient à dire que, divisant cette hauteur E G en cinq parties égales, et prenant les $2/5^{es}$ à partir du sommet, on aura fixé la place de la ligne d'horizon MN, ou hauteur de l'œil de celui qui dessine.

En renversant la proposition, on pourrait dire : Connaissant la hauteur E G, le développement de l'une des surfaces horizontales,

(1) Dans le cours de perspective linéaire, il est dit que les points de vue et de distance sont rarement utilisés dans les dessins faits d'après nature, car s'il en était autrement, il faudrait que le modèle se présentât sur l'angle ou parallèlement au spectateur; ce que l'on évite autant que possible dans la pratique : d'où il faut conclure qu'en général ce sont à des points accidentels que se dirigent les lignes fuyantes, et non à des points de vue et de distance.

et la position de la ligne d'horizon, trouver le développement de
la deuxième surface.

Le professeur, résumant la démonstration de ce modèle n° 4,
fera remarquer aux élèves :

1° *Que les lignes* EC, GD, AH, BK, n'étant pas parallèles, doivent se rencontrer en un point sur la ligne d'horizon, qu'il en est
de même des lignes EA, GB, CH, DK ; enfin que, généralement,
dans la pratique, ces points sont accidentels, et non des points de
vue ou de distance ;

2° *Que le point de vue* est toujours au centre du modèle que
l'on regarde, car il est déterminé par la perpendiculaire, divisant
en deux parties égales l'angle optique embrassant le modèle (voyez
la *fig.* 6) ;

3° *Que la comparaison* du développement des deux surfaces
AECH, BGDK, donne le moyen de trouver la hauteur de la ligne
d'horizon ;

4° *Qu'on pourrait arriver* au même résultat, en comparant la
pente des lignes AE, GB.

OBSERVATIONS.

De ce qui précède il résulte que, lorsqu'un cube se présente
parallèlement au spectateur, celui-ci ne peut voir deux surfaces
verticales à la fois ; si, au contraire, il voit deux surfaces, aucune
d'elles ne peut rester parallèle au tableau. C'est donc à tort que,
dans certaines gravures, dans certains ouvrages, l'on a placé la
face d'un corps rectangulaire, parallèle à la base du tableau, pour
montrer la deuxième face se développant en perspective : ce que
nous avons dit précédemment le démontre suffisamment.

Thibaut (1) avait senti le vice de cette manière de procéder, car
il dit (page 130, *pl.* 47, *fig.* 3) : « Lorsque les lignes parallèles
« au tableau, dans un monument rectangulaire, paraissent rele-
« ver sur le côté opposé à la direction des perpendiculaires, il
« faut les abaisser sensiblement, sans avoir égard à la règle. »

Thibaut ajoute (page 131) : « Personne n'est choqué des licen-
« ces perspectives, lorsqu'elles ne blessent ni l'œil, ni la raison,
« et qu'elles tournent au profit de la grâce et de la beauté du
« tableau. » Nous reviendrons sur cette opinion d'un auteur
aussi éminent.

(1) Cours de perspective le plus complet de tous ceux qui ont été publiés jusqu'à ce jour,
comme œuvre réunissant la théorie à la pratique.

PERSPECTIVE PRATIQUE

CHAPITRE VI.

DÉVELOPPEMENT DES CERCLES.

PLANCHE II.

PREMIÈRE PROPOSITION.

LE PLUS GRAND DIAMÈTRE D'UN CERCLE TRACÉ SUR UN PLAN VERTICAL
RESTE VERTICAL EN PERSPECTIVE.

Figure 5. — *Tracer un cercle géométral inscrit dans un carré.*

Faites un carré parfait de 0^m,15 de côté ; tracez les deux diagonales, divisez en deux parties égales les quatre côtés du carré, et menez les deux lignes, verticale et horizontale, EG et HK, parallèles aux côtés de ce carré ; elles se rencontreront au point central donné par l'intersection des deux diagonales, et détermineront sur les côtés du carré les quatre points de tangence H, E, K, G.

Si vous divisez la moitié de chaque diagonale en sept parties égales, en faisant dépasser la septième partie d'environ 1/8e de l'une des divisions, vous aurez quatre nouveaux points sur les diagonales. Tracez alors le cercle passant par les huit points trouvés, et corrigez jusqu'à ce qu'il soit parfait, afin d'habituer l'œil et la main à cette forme.

Figure 5 *bis*. — *Tracez le même cercle en perspective.*

Mettez en perspective le carré ABCD par les moyens indiqués dans les chapitres précédents ; tracez les deux diagonales, et par le point de centre M faites passer la parallèle verticale EG ; puis, divisant les deux côtés verticaux AD, BC du carré, en deux parties égales, tracez la parallèle horizontale qui devra passer par le même centre M : la rencontre de ces deux lignes, avec les côtés du carré, donnera les quatre points de tangence sur la circonférence.

Sachant que le cercle passe sur les diagonales aux 2/7es de la moitié de la longueur de chacune d'elles, si vous divisez chaque fraction de diagonale en sept parties égales, par les 2/7es de chaque division, soit P, Q, R, S, et par les quatre points de tangence N, E, O, G, vous ferez passer le cercle.

On fera remarquer aux élèves que, dans ce tracé du cercle en perspective, le plus grand diamètre EG est resté vertical ; d'où il faut conclure que toutes les fois qu'on aura à tracer en perspective un cercle sur un plan vertical, il faudra faire précéder cette opération par l'indication du diamètre vertical du cercle à mettre en perspective.

DEUXIÈME PROPOSITION.

LE PLUS GRAND DIAMÈTRE D'UN CERCLE TRACÉ SUR UN PLAN HORIZONTAL RESTE HORIZONTAL EN PERSPECTIVE.

Figure 6. — Si l'on se place devant un cercle, soit en A, n'est-il pas vrai de dire que le diamètre le plus grand en apparence sera celui DC, placé perpendiculairement au rayon visuel partant de l'œil A passant par le centre du cercle?

Se plaçant de nouveau à la même distance du cercle, mais sur la droite en B, le plus grand diamètre en apparence, soit EG, n'aura-t-il pas suivi le mouvement de l'angle embrassant la circonférence, et ne sera-t-il pas toujours perpendiculaire au rayon visuel passant par le centre?

Enfin, n'en sera-t-il pas de même pour toutes les autres positions que prendra le spectateur? D'où il résulte que, pour dessiner un cercle placé sur un plan horizontal, il faut commencer par tracer horizontalement son diamètre géométral, ou, ce qui est la même chose, son plus grand diamètre apparent?

Figure 7. — *Tracer un cercle horizontal inscrit dans un carré.*

L'axe étant placé, tracez sur la droite et sur la gauche deux points à 10 centimètres d'écartement, représentant les deux rayons ou dimension du diamètre horizontal dicté, soit 20 centimètres ; comparez la diagonale du carré, telle qu'elle se présente à vous, avec le diamètre du cercle qui ne varie pas ; puis placez à égale distance de l'axe deux nouveaux points A et B ; enfin, cherchez la place du troisième angle C, en comparant le développement du côté AC du carré avec celui de l'autre côté CB, soit, par exemple, dans un rapport de 4 à 5.

Lorsque vous aurez arrêté la pente AC et placé celle CB dans le rapport inverse du développement des surfaces, soit les 4/5ᵉ de la hauteur verticale donnée par la pente de la ligne CA, ainsi qu'il a été expliqué à la figure première de cette planche, vous compléterez le carré; puis, faisant passer par le centre G une ligne horizontale sur laquelle vous rapporterez les deux points HK, placés au commencement de l'opération à 10 centimètres du centre, vous tracerez le cercle en prenant pour son plus grand diamètre la ligne horizontale HK, et le faisant passer tangent aux quatre côtés du carré mis en perspective (1).

OBSERVATIONS.

En admettant comme principe rigoureux ce qui vient d'être dit relativement au développement des cercles dessinés isolément et à de petites distances, il devient cependant nécessaire de faire remarquer que, presque constamment, les cercles à tracer sont une faible fraction de l'ensemble du dessin à faire; comme, par exemple, les cercles d'une base, d'un chapiteau de la colonne d'un monument, soit même d'une machine : d'où il résulte que, le spectateur se plaçant à une distance convenable pour voir l'édifice ou la machine dont il vient d'être parlé, la base ou le chapiteau à dessiner se trouverait éloigné du spectateur de 80, 100 et même 200 fois sa plus grande dimension : dès lors, comme il est évident que pour un cercle vu à cette distance il ne peut exister qu'une différence excessivement minime entre le développement des deux demi-circonférences composant le cercle, soit vertical, soit horizontal, j'admets en principe, pour les figures qui vont suivre, qu'il convient de donner une dimension égale aux deux rayons composant le diamètre fuyant d'un cercle. (*Diamètre perpendiculaire au spectateur, le diamètre parallèle ne changeant pas de dimension, qu'il soit horizontal ou vertical.*)

En résumé, il n'est pas rigoureusement vrai de dire que ces deux rayons sont égaux; mais à l'application, non-seulement cette licence est permise, j'ajoute même qu'elle est absolument nécessaire pour satisfaire l'œil et le goût.

Figure 8. — *Tracer deux cercles égaux et parallèles entre eux, en les supposant sur un plan horizontal.*

En acceptant comme vrai, si ce n'est en théorie, du moins à

(1) Ce qui a été dit relativement au développement de la deuxième partie du carré s'applique naturellement au développement de la deuxième partie d'un cercle dessiné isolément et vu à une faible distance.

l'application, que dans un cercle les deux demi-circonférences se développent également en perspective, lorsque ce cercle est placé à une grande distance relativement à sa dimension, on demandera aux élèves de tracer un axe vertical ainsi que les deux diamètres horizontaux AB, CD, de $0^m,15$ de longueur, espacés entre eux de $0^m,05$.

Cherchant ensuite le développement apparent du diamètre EG, perpendiculaire à celui AB, faire passer le cercle par les quatre points AEBG.

Pour obtenir le deuxième cercle CHDK, il faut comparer le développement du diamètre perpendiculaire HK au développement du diamètre EG, puis faire passer la courbe par les quatre nouveaux points CHDK.

Faire remarquer aux élèves que le deuxième cercle a plus de développement que le cercle supérieur, comme étant plus éloigné de la ligne d'horizon. Plus tard on expliquera le rapport exact à donner au développement de ce deuxième cercle, comparé au développement du premier cercle ; rapport basé sur leur écartement de la ligne d'horizon.

Figure 9. — *Tracer deux cercles verticaux parallèles entre eux.*

Tracer en perspective le parallélogramme ABDC, en donnant 15 centimètres au côté AC considéré comme le diamètre géométral du premier cercle ; le côté BD étant le plus grand diamètre perspectif du deuxième cercle. Divisant alors chacun de ces deux diamètres verticaux AC, BD en deux parties égales, on aura les deux centres M et N des cercles à mettre en perspective.

Si par le centre M l'on trace une ligne horizontale, et que, comparant le diamètre horizontal EG du premier cercle avec son diamètre vertical AC, on fixe les deux points E et G à égale distance du point du centre M, on fera passer le cercle cherché par les quatre points donnés E, A, G, C.

On opérera de même pour le deuxième cercle KBLD, en établissant la proportion suivante : le diamètre vertical BD est à AC comme le diamètre horizontal KL est à celui cherché EG.

Les élèves remarqueront que les deux cercles mis en perspective sont réunis par les deux droites AB, CD ; que dès lors, en aucune circonstance, le deuxième cercle ne peut venir se développer tangent au premier, ainsi qu'on est tenté de le faire lorsqu'on dessine sans raisonner.

En résumé, pour tout cercle à mettre en perspective, il faut tracer un diamètre géométral, soit horizontal, soit vertical, suivant qu'il est sur l'un ou l'autre de ces plans; puis, sur une perpendiculaire passant pas le centre, marquer deux nouveaux points donnant le développement apparent de ce nouveau diamètre perpendiculaire au premier; enfin, par ces quatre points, faire passer le cercle cherché.

Figure 10. — *Tracer une sphère.*

Quelque position qu'on prenne pour regarder une sphère, elle sera toujours représentée par un cercle parfait.

Cette proposition n'est pas exacte en théorie, mais à l'application cette licence est nécessaire, car l'œil ne pourrait admettre qu'une sphère eût une apparence allongée ou elliptique : Raphaël dans son école d'Athènes a usé de cette licence en traçant les sphère au compas.

NOTA. — Ce modèle se compose d'un cercle horizontal et de cinq cercles verticaux passant par les points 1, 6-2, 7-3, 8-4, 9 et 5, 10.

Figure 11. — *Mettre en perspective deux cercles concentriques.*

Tracer un diamètre horizontal de 15 centimètres pour le grand cercle du modèle.

Comparant le développement du diamètre AB à celui géométral CD, tracer la circonférence CADB.

Pour développer le cercle intérieur en rapport avec celui déjà tracé, il faut fixer la dimension géométrale du diamètre du petit cercle concentrique, soit 10 centimètres ou les deux tiers du premier.

Si l'on divise les deux rayons GA, GB du grand cercle en trois parties égales, on aura établi un rapport proportionnel entre ces divisions et celles des rayons parallèles au spectateur ou vus géométralement; on pourra donc formuler la proportion suivante : Le petit diamètre géométral KM est au grand diamètre géométral CD comme le petit diamètre perspectif EN est au grand diamètre perspectif AB; ou le petit rayon GK est au grand rayon GC comme GE est à GA; ou, enfin, le diamètre perspectif AB du grand cercle est à son diamètre géométral CD comme la fraction CK du grand rayon géométral est à la fraction EA du grand rayon perspectif : d'où il résulte que, par l'un des moyens indiqués, ces deux cercles seront développés dans le rapport de leur diamètre comparé.

PERSPECTIVE PRATIQUE

CHAPITRE VII.

PLANCHES III ET IV.

DÉVELOPPEMENT DES MOULURES A PLAN ET PROFIL CIRCULAIRES.

NOTA. — En parlant du développement des cercles, j'ai dit que les deux rayons fuyants d'un cercle mis en perspective devaient être égaux, bien qu'en théorie cela ne fût pas rigoureusement exact ; j'ai ajouté que cette licence était nécessaire pour satisfaire l'œil et le goût, et qu'en définitive il serait difficile d'agir autrement dans la pratique lorsque les cercles ont un faible diamètre.

En outre, il faut admettre pour les cercles composant une moulure, telle qu'une base, un chapiteau, etc., etc., que les différentes courbes qui forment cette moulure doivent se développer proportionnellement à leur diamètre respectif, sans avoir égard à leur éloignement de la ligne d'horizon, car, à l'application, cette différence (qu'il est très facile de calculer, ainsi que nous l'expliquerons plus loin) est si faible qu'il serait puéril de s'en occuper ; il faut même ajouter que l'œil serait peu charmé de cette irrégularité de forme.

C'est donc une nouvelle licence à admettre ; elle simplifie l'enseignement, fait gagner beaucoup de temps aux élèves, et donne un résultat plus heureux.

DÉVELOPPEMENT D'UN TORE OU FIGURE COMPOSÉE D'UN PLAN CIRCULAIRE
ET D'UN PROFIL DEMI-CIRCULAIRE.

Figure 1re. — Tracer un rayon AB de 0m.12, le diviser en trois parties égales, et sur le tiers, en C, élever une perpendiculaire, servant de diamètre à la demi-circonférence IAD ; compléter la figure géométrale par le tracé des deux rayons DG, III, sans oublier l'axe GH de la figure.

Cherchant le développement apparent du diamètre fuyant KL, du grand cercle LAK, marquez les deux points K, L, puis tracez la demi-circonférence en perspective LAK : ce développement trouvé, il devra servir de base à toute l'opération.

En effet, si l'on compare les deux petits rayons DG et III au grand rayon AB, on trouve qu'ils sont dans le rapport de 2 à 3 ; en conséquence, on établira la proportion suivante : Le grand rayon AB est au petit rayon DG, comme le grand rayon réduit BK est au petit rayon réduit GM. Ce qui revient à dire que le petit rayon géométral étant les 2/3 du grand rayon, il suffit de diviser en trois parties égales le développement du grand rayon BK et de donner au développement du petit rayon GM les 2/3 du grand rayon BK. Marquant alors les quatre points MN, OP, on trace les deux demi-circonférences cherchées, telles enfin que les représente la figure 2.

Divisant ensuite le quart de cercle AD de la figure 1re en trois parties égales, et marquant ces divisions par les lettres R, S, on tracera deux nouveaux rayons parallèles aux premiers ; puis, comparant chacun de ces nouveaux rayons avec le plus grand ou les plus petits dont les courbes sont trouvées, enfin en procédant ainsi qu'il a été expliqué plus haut, on développera les deux nouvelles demi-circonférences R et S.

Ce tracé terminé, on fera remarquer aux élèves :

1° Que le développement des trois demi-circonférences abandonne d'autant plus le quart de cercle AD, que ces courbes s'éloignent davantage du grand cercle LAK ;

2° Que si ces courbes étaient plus nombreuses, elles se rencontreraient en des points comme en V ;

3° Que dès lors, si l'on développait sur le quart de cercle AD autant de courbes qu'il peut y avoir de points composant cette fraction de cercle (1), il en résulterait une suite d'intersections qui détermineraient une nouvelle courbe partant du point A et allant se développer tangente à la demi-circonférence NDM.

Mais, dira-t-on, il peut arriver que cette courbe tangente dépasse la demi-circonférence DM, si la ligne d'horizon est très-élevée ou le point de distance très-rapproché.

A cela je répondrai que, dans ce cas, la mise en perspective serait vicieuse comme étant exagérée ; que, cependant, la méthode indiquée donnerait encore un résultat égal à la théorie ; car, en théorie, la tangente cherchée se développerait sur la courbe, dépassant la demi-circonférence DM.

Ainsi, en outre de l'exactitude du tracé, ce mode donne un résultat très-important pour l'enseignement, car il simplifie beaucoup les démonstrations, les rend plus claires et permet d'exposer en quelques séances le principe du développement des courbes appliqué aux formes les plus complexes : ce qui, autrement,

---

(1) On rappelle que le cercle est une figure composée d'une infinité de points tracés à égale distance d'un autre point qu'on nomme centre.

serait impossible avec des élèves ignorant la géométrie descriptive, et ayant peu de temps à consacrer à l'étude.

***

PREMIÈRE APPLICATION.

—

DESSINER UN TORE COMPLET PAR DEUX COURBES ET DEUX TANGENTES A CES COURBES.

Figure 3. — Tracer l'axe de la figure, donner 0^m,10 au fût, 0^m,05 au diamètre vertical de la demi-circonférence ou profil A B C ; puis, traçant les deux diamètres horizontaux A D, C G, dicter 20 millimètres de développement pour le diamètre perpendiculaire K L, et faire passer le cercle supérieur par les quatre points A, K, D, L. Le diamètre du cercle inférieur étant le même, le développer par les points C, M, G, N. Enfin, partant du point B, sur la demi-circonférence, dessiner les deux lignes B K, B N tangentes aux deux cercles dont il vient d'être parlé.

Pour compléter cette figure, il devient inutile de tracer sur la droite la demi-circonférence géométrale ; il suffira, connaissant le point O, de mener les tangentes O K, O N.

J'insiste sur la nécessité de ne pas faire dessiner la demi-circonférence sur la droite de la figure, afin d'habituer les élèves à ne tracer géométralement que ce qui est nécessaire au développement des courbes.

***

DEUXIÈME APPLICATION.

—

DÉVELOPPEMENT D'UNE BASE DE COLONNE D'APRÈS UN MODÈLE RELIEF.

—

Figures 4 et 5.

Le diamètre de la colonne étant fixé à 0^m,12, tracer l'axe et le fût de cette fraction de colonne pour développer cette base, en abandonnant l'épaisseur ou hauteur du socle.

Figure 5. — Comparer le développement apparent de la diagonale A B au diamètre de la colonne qui a été dicté ; en indiquer la dimension par deux points à égale distance de l'axe ; enfin, placer le troisième angle C. Cherchant alors la pente du côté A C, mettre la pente du côté C B dans le rapport inverse du développement de ces deux surfaces, puis compléter le développement du carré ACBD par les moyens indiqués chapitre V, planche II, figure 1re.

Traçant ensuite une ligne horizontale passant par le centre G, et fixant sur cette ligne la saillie totale de la moulure ou tore, en déduire celle du filet H; il restera le rayon IK qui, porté deux fois sur la hauteur, donnera le diamètre MO servant à tracer le profil de la base. Mais, comme on aurait pu se tromper en traçant la saillie de ce profil, il convient de comparer immédiatement sa hauteur avec le diamètre de la colonne, et de le modifier, s'il y a lieu, avant de continuer.

Le profil étant fait tel que l'indique la figure 4, il faut développer, tangent aux côtés du carré, le grand cercle projetant la plus grande saillie du tore de 1 en N (*fig.* 5), pour obtenir un rapport parfait entre les courbes à développer dans ce modèle et le carré déjà tracé.

Comparant alors le petit rayon (*projection du filet*) MG avec le grand rayon (*projection du tore*) GN, soit, par exemple, comme l'indique la figure 5, dans le rapport de 4 à 5, on développera le petit cercle, conformément à ce qui a été dit à la planche II, figure onze, chapitre VI (*cercles concentriques*).

Remontant au cercle HPT, dont le diamètre est égal au dernier qui vient d'être tracé et représente la ligne supérieure du filet, ponctuer le diamètre HT (*fig.* 4); donnant alors au point T une saillie égale sur le fût à celle du point H, tracer la demi-circonférence HPT égale au développement du petit cercle concentrique développé à la base de la figure.

Cet ensemble étant fini, vérifier de nouveau avant de passer outre si les proportions générales sont bien celles du modèle; dans le cas contraire, les modifier immédiatement.

Lorsqu'on a reconnu que l'ensemble est convenablement préparé, il faut tracer sur la droite la hauteur du filet QT (*fig.* 5) égale à celle de gauche OH, puis développer la demi-circonférence ORQ parallèle à celle HPT. Pour compléter le tracé de ce filet, on indique les lignes horizontales VT, VH; on donne ensuite au développement VU une dimension égale à VX (*ce qui revient au même que de développer la totalité du cercle*); enfin, l'on conduit en U les deux fractions du cercle complétant le développement de la partie supérieure de ce filet.

Reste à terminer 1° le *tore*, comme il a été expliqué à la figure 3 de ce chapitre, en menant les tangentes des points I et Y sur le petit cercle inscrit à la base ainsi que sur le filet, et donnant à toutes ces fractions un développement égal, tel que cela a été décrit à la même figure 3; — 2° le *filet*, en traçant le cercle concentrique de la partie supérieure de ce filet, par l'un des moyens donnés à la planche II, figure onze, chapitre VI.

TROISIÈME APPLICATION.

DÉVELOPPEMENT D'UNE ASTRAGALE.

Figure 8. — Donner 0^m,02 de saillie au filet, 0^m,03 à la baguette, en tout 0^m,05; tracer le profil géométral en donnant au filet 0^m,02 de hauteur, et 0^m,06 à la baguette.

Fixant à 40 millimètres le développement des diamètres verticaux EG, HK, tracer leur développement, ainsi que les deux tangentes du profil de la baguette; enfin compléter la figure par le développement du deuxième cercle du filet, tracé parallèlement à celui déjà fait.

QUATRIÈME APPLICATION.

DÉVELOPPEMENT D'UN CHAPITEAU DE COLONNE, D'APRÈS LE RELIEF.

Figures 6 et 7.

Figure 7. — L'axe étant tracé, ainsi que le diamètre du fût, fixé à 0^m,10, comparer la hauteur totale du chapiteau avec le diamètre de ce fût, et l'indiquer sur l'axe de la colonne par deux points C, B; déterminer ensuite les hauteurs fractionnelles de chaque masse de moulures.

Figure 6. — Comparer la grandeur apparente de la diagonale du tailloir, soit avec le diamètre de la colonne, soit avec la hauteur du chapiteau déjà tracé; en indiquer la dimension, en donnant aux deux saillies G, H une grandeur égale.

Chercher le troisième angle D, ou le plus rapproché du spectateur, y rapporter le point C en D; puis, traçant les lignes DH, DG, compléter le développement perspectif du carré.

Par le centre K faire passer une ligne horizontale, y marquer, sur le côté gauche, la saillie VN de la moulure à plan circulaire; reportant ensuite en VX (*sur le prolongement du fût de la colonne*) la dimension primitive CL, fixée sur l'axe pour la hauteur du quart de rond et du filet, chercher le profil géométral de ces deux moulures.

Développer alors le grand cercle en contact avec le carré et tangent à ses quatre côtés, en le faisant passer par les deux points extrêmes du diamètre NO. Comparant ensuite le diamètre géométral du petit cercle ou filet avec le diamètre du grand cercle ou quart de rond, soit, par exemple, comme 4 est à 5, on établira la proportion suivante : le petit diamètre géométral étant les 4/5ᵉˢ du grand diamètre, le développement du petit diamètre sera les 4/5ᵉˢ du grand ; donc, en divisant en 5 parties égales le développement du grand cercle, et portant 4 de ces parties de P en U (*le point* P *étant donné par le diamètre* XT), on tracera la courbe inférieure du filet comme l'indique la figure 6.

On fera remarquer aux élèves que la lettre U déterminant le développement du petit cercle, est en contre-bas de L d'une quantité égale à l'abaissement de C donné par la pente de la ligne DG du tailloir.

On complétera le tracé d'ensemble de ce chapiteau avant de passer aux détails, par la courbe inférieure de l'astragale, en portant de B en Eᴵᴵ une dimension égale à celle déterminée en C par la pente du tailloir DG ; ajoutant ensuite de Eᴵᴵ en S une dimension proportionnelle au diamètre géométral de ce filet, comparée au développement des courbes déjà trouvées au-dessus, puis, prolongeant ce nouveau diamètre en Z, et fixant à ce point la saillie du filet comme en Y, faire passer une courbe par les trois points Y, Eᴵᴵ, Z.

Cet ensemble achevé, ainsi que l'indique la figure 6, il devient alors facile de s'assurer si les proportions sont véritablement bonnes. J'engage donc beaucoup les élèves à modifier cet ensemble, s'il n'est pas exact, avant de passer à l'achèvement de la figure, soit en baissant ou relevant l'astragale, soit en modifiant les autres moulures ; il importe dès le début de s'habituer à tracer l'ensemble d'un dessin le plus exactement et le plus simplement possible, pour ne s'occuper des détails que lorsque cet ensemble est terminé.

Une fois les proportions générales bien arrêtées, on devra compléter la figure par le développement des cercles supérieurs des deux filets, dont on aura fixé d'avance la hauteur sur le centre et sur le côté droit, égale à la hauteur déterminée par les profils

géométraux tracés sur le côté gauche; puis, revenant au quart
de rond, mener la tangente NN′ (*fig.* 7) : connaissant alors le
point de rencontre de cette tangente sur le filet, porter cette
même hauteur sur la droite en O′, et tracer la courbe OO′.

Pour achever l'astragale dont le filet est déjà tracé, il faut,
partant du point le plus saillant de la baguette de l'astragale en
E, faire passer la courbe au point M, *donné par la hauteur totale
des moulures de l'astragale*, et au point E′ *dont on a fixé la saillie
préalablement*, pour s'arrêter au-dessous, contre le filet à une
hauteur égale à celle déterminée sur le profil de gauche par la
tangente à la fraction de la courbe développée en arrière du filet,
ainsi que cela est tracé plus en grand à la figure 8.

Je conclus de tout ce qui précède que les moyens indiqués
pour la mise en perspective de moulures à plan et profil circulaires, donnent pour résultat des dessins aussi exacts que s'ils
étaient tracés par des projections. Je pourrais presque dire plus
exacts, s'il s'agissait d'un dessin d'une faible échelle. En effet, si
l'on admet le dessin perspectif d'un chapiteau ou d'une base, à
faire sur un fût de colonne ayant 1, 2 ou 3 centimètres de diamètre, il devient évident, pour tout praticien, qu'il faudrait une
grande perfection dans les instruments et une habileté non moins
grande chez le dessinateur, pour obtenir un résultat égal à ce
que peuvent faire nos élèves en quelques instants, sans le secours
d'aucun instrument.

On peut donc dire avec raison que cette méthode permet de
développer perspectivement les moulures les plus compliquées,
aussi exactement qu'en employant les moyens donnés par la géométrie descriptive, et demande infiniment moins de temps.

Il faut ajouter que, sans employer les formules scientifiques,
cette méthode est constamment basée sur les principes de la
science, et ne s'en écarte jamais, à l'exception de quelques licences exigées par le goût et l'observation, que pratiquement il nous
a paru nécessaire d'admettre.

Ainsi, en théorie, il n'est pas vrai de dire que les deux courbes
d'un filet doivent se développer parallèlement; il est également
inexact d'avancer que deux courbes parallèles, placées dans une
moulure à des plans différents, ne doivent se développer que proportionnellement à leur diamètre, sans avoir égard à la ligne
d'horizon.

Mais, rappelant ce que j'ai dit en parlant du développement

des cercles, chapitre VI, figure 7, concernant les distances, j'ajouterai que c'est encore ici le cas d'admettre ces deux licences, que l'œil et le goût exigent impérieusement. D'ailleurs, vouloir procéder autrement serait impraticable pour un dessin d'une faible échelle, car le crayon serait impuissant à rendre la différence qui, théoriquement, existe dans le parallélisme de ces lignes. (*Une épure en grand exige et permet seule cette rigoureuse exactitude qui devient nuisible à un dessin perspectif bien compris.*)

J'ai avancé que l'œil et le goût n'admettent pas toujours l'exactitude de la science : en effet, tous les praticiens savent que l'application de la théorie donne parfois des résultats vicieux; ils savent encore que les épreuves daguerriennes manquent souvent de vérité, quoique très-exactes suivant la science, les premiers plans péchant toujours par l'exagération de leurs proportions.

Il en est de même de tous les instruments, dont cependant on ne peut contester l'exactitude mathématique : les produits de la *chambre claire*, de la *chambre noire*, n'ont-ils pas besoin d'être rectifiés sur les premiers plans par le dessinateur, les plans les plus éloignés étant seuls satisfaisants, par suite de l'inappréciable différence qui existe dans le développement proportionnel des lignes parallèles ou concentriques.

N'en faut-il pas conclure que, tout en s'appuyant sur la science, il devient parfois nécessaire de la faire céder devant l'exigence pratique, et que vouloir séparer ces deux choses (*l'art et la science*) serait s'exposer à n'obtenir souvent qu'un résultat incomplet?

OBSERVATIONS.

Dans les différentes opérations du développement des courbes, il convient de ponctuer les seconds plans.

En outre, les démonstrations de ces figures étant fort compliquées (quoique infiniment simplifiées par notre méthode), il est nécessaire de les diviser le plus possible, c'est-à-dire d'expliquer séparément chaque partie de la figure. Une démonstration générale pourrait n'être pas comprise par des intelligences non familiarisées avec les mathématiques.

Cet enseignement étant basé sur le raisonnement, on ne demande jamais à l'élève un travail sans le lui développer dans son ensemble et ses détails; en outre, on lui fait prendre l'habitude de ne pas dessiner approximativement, car, avant de faire une ligne quelconque, on exige de lui qu'il en connaisse le départ, le passage et l'arrivée, dès lors qu'il se rende compte de la forme avant de la tracer ; il est très-important de forcer l'élève à ne rien faire au hasard, on le conduit ainsi à se former simultanément l'œil et le jugement.

Je ne peux m'empêcher de dire ici que je n'ai jamais bien compris l'engouement dont la méthode Dupuis a été l'objet il y a quelques années. Comment admettre, en effet, qu'on fasse dessiner des figures informes pour arriver à la perfection ? Un professeur habile a-t-il donc besoin de mannequins abâtardis pour faire comprendre à ses élèves comment ils doivent décomposer les formes ? N'est-il pas plus rationnel de penser que ce qui convient dans tout enseignement, c'est de démontrer le vrai et le beau, et qu'agir autrement c'est pervertir le goût et le jugement des élèves.

PLANCHE IV.

L'étude de toutes les figures étant achevée, on demande aux élèves de faire sur les deux faces de l'ardoise un résumé disposé dans l'ordre admis par cette planche, afin de s'assurer si ces figures ont été comprises.

Ce n'est qu'après ce travail complémentaire que s'opère la deuxième mutation pour classer les élèves par rang de mérite ; les premières mutations ayant lieu immédiatement après l'étude des planches 1 et 2.

PERSPECTIVE PRATIQUE.

CHAPITRE VIII (1).

PLANCHES V, XXXIII ET XXXIV.

MODÈLE A QUATRE COLONNES.

*Dessiner sans instruments un modèle à quatre colonnes, avec
soubassement et entablement portant moulures : ce modèle
résume les difficultés de l'enseignement qui précède.*

Figure 1re, planche 5. — Tracer l'axe du modèle et en fixer
la hauteur, soit AB.

Indiquer sur cet axe la hauteur des principaux plans, soit 1,
2, 3, 4, en comparant avec soin ces dimensions entre elles, et
même avec la hauteur totale, de manière à les contrôler les unes
par les autres, et arriver à en déterminer le plus exactement
possible les proportions.

Comparer la largeur totale du modèle prise à la base des
colonnes, soit avec la hauteur de ces colonnes, soit avec la hauteur totale du modèle, et l'indiquer par deux points E et D.

Chercher la largeur du plan de droite 7 D, comprenant deux
colonnes, comparée au reste de la largeur 7 E; marquer le point
7. A ce point, le plus rapproché du spectateur, indiquer le diamètre de la colonne au-dessus de la base, puis, sur le centre,
élever un axe vertical jusqu'à l'entablement; déterminer alors le
diamètre supérieur de la colonne, en lui donnant 1/6e en moins
qu'à celui fixé pour la base; enfin, tracer le cylindre ou fût de la
colonne par deux lignes droites.

Chercher la diagonale du tailloir du chapiteau de cette colonne
sur le premier plan, ainsi que du socle au-dessous de la base;
tracer le troisième angle K de l'entablement portant sur la colonne,
puis le troisième angle C du socle : si l'on rapporte horizontalement en C et K les points 2 et 3 placés sur l'axe du dessin, on
devra trouver que le développement proportionnel des surfaces

---

(1) Avant de passer à l'étude de ce chapitre VIII, il faut enseigner aux élèves la première partie des éléments de Géométrie développée au commencement du livre troisième,
ainsi que les trois premiers chapitres de la perspective linéaire, livre quatrième.

du socle ainsi que du tailloir est dans le même rapport que le développement des surfaces de l'entablement, soit, pour notre dessin, comme 1 est à 3, ou le quart du tout; traçant ensuite la pente CD à la base, et KL au sommet de la colonne, on ajoutera les pentes opposées CE, KM, dans le rapport inverse du développement des surfaces.

La hauteur des deux colonnes extrêmes DL, EM étant alors connue, tracer leur diamètre dans le rapport de leur hauteur, c'est-à-dire proportionnellement à la première colonne CK.

Exemple. — La hauteur de la colonne de droite DL n'ayant que les 9/10e de celle sur le premier plan CK, dont le diamètre est connu, le diamètre cherché en D sera réduit de 1/10e, dès lors n'aura que les 9/10e du premier (1).

Traçant alors le socle du premier plan CK, dont la largeur a été comparée à celle du diamètre de sa colonne, donner aux socles des deux colonnes extrêmes une largeur proportionnelle à leur diamètre, soit 1/10e en moins pour le socle de droite, et 1/17e pour le socle de gauche : rapport égal à celui trouvé pour la hauteur de chacune des dites colonnes. Ceci fait, on prolongera les trois verticales ECD jusqu'à la base du soubassement. (*L'angle CB^1 doit être au quart de la largeur totale de ce soubassement : cette proportion devant être égale à celle trouvée pour l'entablement, dont le côté droit est contenu trois fois dans le côté gauche.*)

Pour compléter l'ensemble de ce modèle, on cherche la hauteur de la ligne d'horizon par la pente des lignes déjà trouvées CD, KL, en les comparant entre elles. Ainsi, la hauteur HK indiquant la pente de la ligne KL étant contenue deux fois dans celle CG qui détermine la pente de la ligne CD à la base, il en résulte qu'en divisant la hauteur de la colonne en trois parties égales, la ligne d'horizon doit être placée aux 2/3 de cette hauteur, à partir de la base, c'est-à-dire dans un rapport direct avec la pente de ces deux lignes.

Rapportant de l'axe du modèle sur la verticale formant l'angle du premier plan à la base et au sommet, les points B, 1 et 4 en B', 1' et 4', il faut tracer la pente des lignes B'P, 1'Q, 4'R, en rapport avec leur éloignement de la ligne d'horizon.

---

(1) Connaissant le rapport du diamètre de la colonne, comparé à sa hauteur, soit par exemple 1/8e, il suffira pour les autres colonnes d'en prendre la moitié, le quart, enfin le huitième, pour avoir le diamètre cherché, ainsi que cela est indiqué sur deux colonnes de la planche 34.

1er *Exemple.* — Le point B' étant éloigné de N (*ligne d'horizon de 9/20^m en plus* que le point C, la pente de la ligne au point B' sera de 9/20^m plus forte que celle trouvée au point C; d'où il faut conclure que si la ligne CD a une pente de 11, la ligne B'P aura une pente de 20.

2e *Exemple.* — Le point 4' à la hauteur de la corniche étant distant de la ligne d'horizon deux fois autant que le point K, la pente de la ligne 4'R sera double de la pente trouvée en KL.

Quant à la pente des lignes sur la gauche du modèle, elle sera toujours dans le rapport inverse au développement des surfaces, c'est-à-dire que la surface de droite entrant trois fois dans la surface de gauche, la pente des lignes à gauche sera le tiers de la pente trouvée pour les lignes à droite.

3e *Exemple.* — Après avoir déterminé le rapport de hauteur qui existe entre la colonne de droite, soit DL, comparée avec la colonne du premier plan CK, et avoir reconnu que la différence est d'un dixième, il faut donner à la hauteur de l'entablement en LR un dixième en moins qu'en K4'.

En agir de même en MU, soit 1/17e en moins, rapport égal à celui de la colonne extrême de gauche avec la colonne du premier plan.

Traçant alors les lignes 4'R, 4'U, le résultat obtenu sera le même qu'en cherchant la pente de ces lignes 4'R, 4'U, par l'éloignement comparatif de la ligne d'horizon.

Terminer le développement des surfaces ZI' QT à la base, et MKLX au sommet des colonnes, par les moyens indiqués précédemment (1); puis, cherchant la diagonale OS du socle de la quatrième colonne X en rapport avec la hauteur de cette même colonne TX, en y comprenant son socle, soit, par exemple, les 7/8^m de la largeur trouvée au socle de la colonne sur le premier plan; enfin, divisant cette diagonale OS en quatre parties égales (*ou proportionnelles au développement des deux surfaces verticales et apparentes de l'ensemble du dessin, c'est-à-dire comme 3 est à 4*), porter une de ces parties à gauche de l'angle extrême T du carré ou surface développée à la base des colonnes, et trois sur la droite : on aura la place de ce quatrième socle, qui, divisé en deux parties égales, donnera l'axe de la colonne cherchée.

(1) Voyez le cube (pl. 2, *fig.* 4) : vous trouverez que les angles T et X doivent se confondre dans une même verticale.

Pour connaître la hauteur de cette colonne, puis de son socle, il faut donner à tous les deux des dimensions proportionnelles à celles de la colonne du premier plan, c'est-à-dire 1/8ᵉ en moins pour le socle et 1/8ᵉ pour la colonne, puisque la hauteur totale TX à ce quatrième angle ne se trouve avoir que les 7/8ᵐ de la hauteur I'K sur ce plan.

On peut encore dire : Le socle sur le premier plan entrant cinq fois et demie dans la hauteur de sa colonne, si l'on divise la hauteur TX en six parties et demie, on donnera à la hauteur du socle cherché les 2/13ᵐ de la hauteur totale TX.

Pour compléter l'ensemble de cette figure, il reste à déterminer les saillies et les hauteurs proportionnelles de la corniche, de l'architrave et des plans inclinés de l'entablement.

ENTABLEMENT ET TOITURE.

Planche 33.

L'ensemble de cet entablement étant achevé, indiquer sur la gauche, à l'angle M, la saillie du profil de la corniche et celle de l'architrave comme se présentant, à cet angle, le plus parallèlement au dessinateur. Établir ensuite un triangle BCK (*fig.* 1ʳᵉ, *pl.* 33), sur la base CK duquel on déterminera les dimensions de l'architrave, de la frise et de la corniche sur le premier plan en K.

Si l'on trace à la suite et parallèlement à CK les hauteurs de l'entablement aux angles M et L, et que des divisions établies sur CK on dirige des lignes au sommet du triangle en B, on aura divisé les lignes M et L en parties proportionnelles à CK.

Reportant alors ces subdivisions sur l'entablement, il restera à déterminer les saillies proportionnelles de la corniche ainsi que de l'architrave sur les angles K et L, que l'on établira ainsi qu'il suit : la saillie de la corniche en M étant de 0,24, et la hauteur de l'entablement à ce même angle de 0,3953, on dira : 0,3953 est à 0,24 comme 0,3780 (*hauteur de l'entablement à l'angle* L) est à 0,2294.

Quant à la saillie de la corniche en K, elle varie suivant la position de cet angle : ainsi, dans notre dessin, l'angle K s'éloignant de l'angle L moitié de la distance OL (ou *demi-diagonale*), il en résulte que la saillie de la corniche sur l'angle K ne devrait être que moitié de la saillie trouvée en M, c'est-à-dire comme 1 est à 2. Mais comme les dimensions augmentent en se rapprochant du premier plan, il faut ajouter à la saillie trouvée en M, soit 24, la différence qui existe entre la hauteur de l'entablement à ce point et celle à l'angle K, soit 1/17e.

Ainsi, la saillie en M étant de 0,24, si l'on y ajoute 1/16e, soit 0,0015, on aura 0,2550 (15 × 17 = 2550) dont moitié 0,1275 pour la saillie de la corniche en K. Il est bon de faire remarquer que si l'on opérait à l'angle L, on arriverait au même résultat. Ainsi 2294 × 1/9e = 2548 dont moitié 1274, soit un dix-millimètre en moins, différence résultant des sous-fractions de calculs dans les hauteurs et les saillies.

Preuve. — N'est-il pas évident, à l'inspection de la figure 3, planche 5, que si la moitié du carré AGN se présente sur l'angle, ainsi que celui MRP tracé parallèlement, la saillie AM sur la diagonale se développera complètement; tandis que la même saillie en RC, placée perpendiculairement au spectateur, se réduira à *zéro* et se confondra dans l'axe de la figure.

Si, au contraire, cette même saillie se présente en BG, elle paraîtra, *vue géométralement*, moins grande qu'en AM: il en faut conclure qu'elle diminue d'apparence en se rapprochant de l'axe. Je vais démontrer que cette diminution, donnée par la projection géométrale, est toujours proportionnelle au rapprochement de l'angle sur l'axe C. En effet, dans cette figure 3 l'angle B s'est rapproché de l'axe C d'une quantité égale à EB ou des 2/7es de ER, et la saillie BV réduite géométralement a diminué dans un rapport égal, c'est-à-dire qu'elle n'est plus que les 5/7es de AM ou 2/7es en moins.

Ceci démontré, on reconnaîtra qu'il suffit d'ajouter à la dimension donnée géométralement la différence résultant perspectivement du plus ou moins d'éloignement des angles du carré : c'est ce que nous avons fait en ajoutant 1/16e à l'angle K et 1/9e à l'angle L pour en prendre la moitié, soit 0,1275 donnant la saillie perspective de la corniche à l'angle K.

Pour déterminer les pentes de la toiture (*pl.* 33), il suffira de tracer, du sommet des deux angles extrêmes, une diagonale PS passant par l'axe du modèle, puis de ce centre une demi-diagonale dirigée sur l'angle Q. Ces diagonales, prolongées jusqu'à la saillie de la corniche trouvée à chacun des angles, détermineront les points perspectifs P', Q', S'. Si de ces trois points vous dirigez des lignes au sommet A, vous aurez tracé perspectivement les pentes de cette toiture.

En opérant de même pour la moulure de l'architrave, on arrivera au même résultat.

Cette méthode, basée sur la théorie des triangles semblables et des lignes proportionnelles (1), permet de tracer perspectivement et d'une manière exacte les dessins les plus compliqués, sans jamais recourir aux points de vue, de distance ou accidentels, pour y diriger les lignes en perspective, ce qui la plupart du temps serait peu praticable.

RÉSUMÉ DU TRACÉ DE L'ENSEMBLE D'UN MODÈLE A QUATRE COLONNES.

1° Déterminer sur l'axe les hauteurs proportionnelles.

2° Comparer, à la hauteur du modèle, sa largeur prise à la base des colonnes au-dessus de la moulure.

3° Fixer par un point la largeur apparente des deux colonnes sur la droite, soit de 7 en D, en la comparant avec la largeur totale déjà indiquée. Tracer ensuite le diamètre de la colonne du premier plan, en lui donnant le $1/8^e$ de sa hauteur; enfin, après avoir élevé l'axe de cette colonne, donner à son diamètre supérieur $1/6^e$ en moins qu'à celui trouvé à la base.

4° Chercher le rapport des surfaces verticales de l'entablement, étant par exemple comme 1 est à 3, puis indiquer au sommet de la colonne la position de l'angle le plus rapproché K.

5° Trouver les pentes proportionnelles des lignes CD à la base, et KL au sommet; puis tracer les deux autres lignes MK, EC dans le rapport inverse du développement des surfaces.

6° Déterminer les saillies ou largeur du socle, puis du tailloir de la colonne du premier plan, comparées aux diamètres; indiquer ensuite la position du troisième angle divisant les surfaces verticales, lesquelles doivent être dans un rapport parfait avec les surfaces de l'entablement, soit comme 1 est à 3.

7° La hauteur des deux colonnes extrêmes D et E étant alors connue, en tracer le diamètre, soit le $1/8^e$, pour ensuite élever l'axe et donner au diamètre supérieur $1/6^e$ en moins qu'à celui à la base de la colonne.

8° Tracer les socles en donnant à ceux en D et E une largeur en rapport avec le diamètre de la colonne, soit moins $1/10^e$ sur la droite, moins $1/17^e$ sur la gauche; prolonger ensuite les verticales CB', DP et EZ donnant l'ensemble du soubassement.

(1) Voir la planche 9, fig. 28, 29, 31, 33 et 35, chapitre XVII.

9° Indiquer alors la ligne d'horizon, en comparant les pentes proportionnelles des lignes CD et KL.

10° Donner au soubassement, ainsi qu'à l'entablement, des hauteurs en rapport avec les hauteurs des colonnes D et E, soit moins le $1/16^e$ sur la droite, moins le $1/17^e$ sur la gauche; ou bien encore, en cherchant les pentes des lignes par leur éloignement de la ligne d'horizon.

11° Terminer le développement des surfaces à la base et au sommet des colonnes par les moyens indiqués pour le cube (*pl. 2, fig. 4*).

12° Tracer la quatrième colonne en cherchant préalablement la largeur de son socle, soit par exemple $1/8^e$ en moins que sur le premier plan; divisant alors cette largeur en quatre parties égales, placer la première de ces divisions (au quatrième angle du socle) sur la gauche en contact avec le quatrième angle T de la surface sur laquelle reposent les quatre colonnes. Le milieu du socle indiquera le point central d'où doit s'élever l'axe de la colonne à laquelle on donnera, ainsi qu'à son socle, des hauteurs proportionnelles à celle de la colonne sur le premier plan.

13° Chercher le profil de la corniche sur le côté se présentant le plus parallèlement au dessinateur; tracer ensuite un triangle (*fig. 1re, pl. 33*) servant à donner les hauteurs proportionnelles de l'architrave, de la frise et de la corniche de l'entablement sur les trois angles. Enfin, connaissant la saillie de la corniche sur l'angle M, la reporter sur l'angle L en lui donnant une dimension en rapport avec sa hauteur à ce point.

14° La saillie de la corniche à l'angle K est donnée : 1° par le mouvement de cet angle, lequel est ici de moitié; 2° par la différence des plans perspectifs. Donc, en ajoutant $1/16^e$ à la saillie de la corniche sur la gauche ($1/17^e$ *plus faible que celle du premier plan*), si l'on prend la moitié du tout, on aura trouvé la saillie perspective de la corniche sur le premier plan, soit QQ'.

15° Enfin, tracer la diagonale PS et la demi-diagonale VQ; puis, prolongeant ces diagonales jusqu'à la saillie de la corniche trouvée sur les trois angles, si l'on mène des lignes des points P', Q', S' au sommet A, on aura terminé l'ensemble de ce modèle.

Nous ne saurions trop engager les élèves à modifier immédiatement les proportions qu'ils croiraient reconnaitre inexactes, car il importe de ne commencer l'étude des détails que lorsque l'ensemble est bien préparé.

Nous devons, en outre, faire observer que si l'on ajoute à cet ensemble les profils des moulures en indiquant leur hauteur perspective (voir la *pl.* 33), il devient alors facile d'achever son dessin sans avoir le modèle à sa disposition. Nous reviendrons sur l'application de cette méthode, basée sur le raisonnement, lorsque nous nous occuperons de l'étude du croquis.

COMPLÉMENT DU CHAPITRE VIII.

ÉTUDE DES DÉTAILS.

PLANCHES XXXIII ET XXXIV.

Nota. — Le professeur, avant de passer à l'explication des détails, devra tracer les profils géométraux sur les tableaux de démonstration; il fera ensuite dessiner ces détails par les élèves, soit pour leur en faire comprendre les formes, soit pour les habituer à apprécier ces mêmes formes à distance, soit enfin pour éviter le désordre qui résulterait nécessairement de la permission donnée à 40 ou même 80 élèves de quitter leur siège pour s'approcher du modèle.

ENTABLEMENT

Planche 33.

Le profil de la corniche étant connu en PP', on ponctuera des lignes horizontales et verticales passant par les points 1, 2, 3, 4, 5 et 6, et par ceux 1', 2', 3', 4', 5' et 6'. Ceci fait, on portera sur le triangle n° 2 les divisions données par les lignes horizontales, soit 1, 2, 3, 4, 5 et 6, et sur le triangle n° 3 par les verticales 1', 2', 3', 4', 5' et 6'. Si de tous ces points on mène des lignes au sommet de chacun des triangles (*fig.* 2 et 3), on aura divisé proportionnellement les lignes donnant dans le triangle (*fig.* 2) les hauteurs des détails de la corniche, et dans le triangle (*fig.* 3) les saillies de cette même corniche aux trois angles NP, KQ, LS.

Portant ensuite les divisions obtenues par le triangle (*fig.* 2) sur la hauteur de la corniche aux deux angles Q, S, et les saillies données par le triangle (*fig.* 3) aux mêmes angles en QQ', SS';

on fera passer des verticales par les divisions 1′, 2′, 3′, 4′, 5′ et 6′.

Si l'on réunit les divisions obtenues sur la hauteur de la corniche aux angles P et S par des lignes droites, soit des *diagonales*, leur intersection avec l'axe O du modèle donnera sur le centre une division verticale proportionnelle à celles trouvées aux mêmes angles P et S.

De ces nouveaux points tracés au centre du modèle, si l'on dirige de nouvelles lignes ou *demi-diagonales* aux divisions établies dans la hauteur de la corniche à l'angle Q; enfin, si l'on prolonge toutes ces *diagonales* et *demi-diagonales* jusqu'à la rencontre des subdivisions verticales donnant les saillies proportionnelles de la corniche aux trois angles en PP′, QQ′, SS′, on aura déterminé à chacun de ces angles les nouveaux points 1″, 2″, 3″, 4″, 5″ et 6″ par lesquels devra passer le profil perspectif.

Réunissant ensuite par des lignes droites les points de l'angle P′ à ceux de l'angle Q′, puis ceux de ce dernier angle avec l'angle S′, on aura pour résultat le développement perspectif de toutes les faces verticales et horizontales de cette partie du modèle, aussi exactement que si l'on eût opéré par les projections.

Le développement de l'astragale, ainsi que des moulures du soubassement, s'opérera par les mêmes moyens.

CHAPITEAUX ET BASES DES COLONNES.

Planches 33 *et* 34.

Planche 33. — Le fût des colonnes étant tracé, on doit d'abord étudier le chapiteau et la base sur le premier plan, par cette raison que, cette première colonne étant bien complète, les trois autres devront être achevées avec des détails proportionnels à ceux déjà dessinés : donc, comparant la hauteur du chapiteau et celle de la base au diamètre de la colonne, on en dessinera les détails ainsi que cela a été démontré au chapitre VII (*fig.* 6 et 7, *pl.* 3), ayant le soin de mettre le développement des surfaces ou la pente des lignes en rapport parfait avec le développement ou la pente des lignes de l'ensemble du modèle.

Portant sur le triangle (*fig.* 4) la hauteur du chapiteau du premier plan, ainsi que les divisions de ses moulures, soit en K; plaçant ensuite parallèlement à cette même base K du triangle les trois dimensions représentant le rapport qui existe entre la

colonne du premier plan et les trois autres colonnes, soit 1/17ᵉ en
M, 1/10ᵉ en L, enfin 1/8ᵉ en X, on dirigera des lignes au sommet B de ce triangle : ces lignes couperont les lignes MLX, tracées parallèlement à la base du triangle, en parties proportionnelles, dès lors donneront d'une manière exacte la hauteur de
chaque moulure du chapiteau des trois dernières colonnes M, X
et L. Ces trois chapiteaux devront alors être développés ainsi
qu'il a été expliqué au chapitre VII, planche 3.

Procédant de la même manière pour les bases, on aura dessiné
ces quatre colonnes avec une exactitude mathématique, en y
consacrant moins de temps que nous n'en mettons nous-même à
démontrer cette figure.

Ce résultat est dû principalement au moyen que nous donnons,
d'employer des *lignes proportionnelles*, en remplacement des
lignes de 45 degrés ou autres lignes fuyantes, exigeant *un point*
sur la ligne d'horizon, pour connaître leur direction perspective
et leur développement. Nous reviendrons sur ce sujet au livre IV,
lorsque nous nous occuperons de la perspective linéaire.

CORPS A PLAN CIRCULAIRE PLACÉ SUR L'AXE DU MODÈLE.

Planche 34. — Les courbes de ce corps à plan circulaire, en
contact avec le carré déjà développé à la hauteur du socle des
colonnes, ne peuvent être régulièrement tracées qu'en comparant le diamètre du cercle avec le côté du carré.

Ainsi, le diamètre du cercle en contact direct avec le carré
ayant géométralement le tiers du côté de ce carré, son développement aura le tiers du développement de ce même carré.

Donc, en faisant passer deux diamètres par le centre du carré
en V, l'un horizontal, l'autre vertical ; de plus, donnant à celui
horizontal sa dimension géométrale, et à celui perpendiculaire le
tiers du développement du carré, on aura les points par où doit
passer la circonférence cherchée.

Cette base trouvée, il suffira, pour développer les autres cercles de la même moulure, de comparer les diamètres entre eux
pour donner à chacun de ces cercles un développement proportionnel à celui en contact avec le carré, sans avoir égard à
l'écartement de la ligne d'horizon, ainsi que cela a été expliqué
pour la base et le chapiteau à la planche 3, figures 5 et 7, chapitre VII.

Mais, pour le développement des deux cercles, l'un au centre G, l'autre au sommet K' du récipient en verre, il faut, en outre de la comparaison des diamètres, en déterminer le développement suivant leur rapprochement de la ligne d'horizon.

EXEMPLE.

Si l'on prend pour base le développement du cercle en D, on dira : Le cercle en G ayant un diamètre égal à celui D, et se rapprochant de la ligne d'horizon d'un tiers de la distance totale, son développement n'aura que les deux tiers de celui D, et le cercle en K' le tiers seulement, puisqu'il se rapproche des 2/3 de la ligne d'horizon.

Si, par inversion, on admet comme base le cercle K', celui G étant à une distance double aura un développement double ; et le cercle D, à une distance triple, aura trois fois le même développement que K'.

La rosace fixée au plafond se développera par les mêmes principes ; mais, comme les moulures les plus basses, quoique faisant partie d'un ensemble, se rapprochent beaucoup de la ligne d'horizon, c'est le cas de faire l'application de la double comparaison du diamètre et du rapprochement de la ligne d'horizon.

Nota. — Nous avons expliqué précédemment que la sphère devait être représentée par un cercle parfait tracé au compas.

TRACÉ DU PAVAGE PAR LES LIGNES PROPORTIONNELLES.

Planche 34.

Si, des points A'C' pris à la base et aux angles du soubassement du modèle à quatre colonnes, vous dirigez des lignes au point VA sur l'horizon, et que vous prolongiez ces mêmes lignes jusqu'à la base du cadre aux points 1 et 5 ; si vous supposez que l'intervalle entre ces deux points 1 et 5 est divisé en quatre parties égales, et que de ces nouveaux points 2, 3 et 4 vous meniez des lignes au même point VA, vous aurez déterminé sur la parallèle horizontale 07' terminant le pavage une division proportionnelle à celle établie sur le premier plan. Il suffira alors, pour compléter ce commencement d'opération, de continuer les nouvelles divisions en 0, 6 et 7, et d'y faire passer des lignes se dirigeant au point VA sur l'horizon.

Le modèle à quatre colonnes donnant pour plan un carré parfait, ayant dès lors des côtés égaux, il en résulte que, si vous opérez sur le côté perspectif comme sur la face, vous obtiendrez quatre nouvelles divisions proportionnelles 8, 9, 10 et 11, donnant en perspective les quatre carreaux compris dans la profondeur C' B' du dit carré, comme vous en avez trouvé la division sur la face A C'.

La première division obtenue à l'angle C' donnera donc le développement perspectif d'un carreau C'OPQ, ayant une largeur C'Q et une profondeur QP en rapport parfait avec le développement général du carré formant le soubassement de ce modèle à quatre colonnes.

Si vous tracez dans le premier carreau perspectif C'OPQ deux diagonales C'P, OQ, et que vous les prolongiez indéfiniment, les intersections trouvées par ces diagonales, et les lignes fuyantes se dirigeant au point VA sur l'horizon, vous donneront le développement perspectif de tous les carreaux formant ce pavage : il suffira donc, pour compléter la figure, de faire passer par ces intersections des lignes horizontales ou parallèles à la base du cadre.

Si l'on voulait alterner les joints des carreaux, on tracerait des diagonales donnant le centre de chaque carreau déjà trouvé dans les zones 1 2, 3 4, et dès lors déterminant par ce fait les joints des carreaux compris dans les zones intermédiaire 2 3, 4 5, 6 7, etc., etc.

Enfin, si les intersections données par le prolongement des deux diagonales du carré perspectif C'OPQ ne suffisaient pas au tracé de la totalité des carreaux formant ce pavage, il faudrait dessiner dans l'un des carreaux déjà trouvés sur les derniers plans deux nouvelles diagonales prolongées indéfiniment, ainsi que cela a été pratiqué dans la zone 1 2, à la suite de l'angle A' du soubassement.

DE LA PERSPECTIVE PRATIQUE.

CHAPITRE IX.

CROQUIS PERSPECTIF ET GÉOMÉTRAL.

PLANCHES VII, VIII ET XXXV.

DESSIN PERSPECTIF.

Planche 7, fig. 1ᵉ. — Ainsi que je l'ai dit, il faut décomposer le modèle, et masser l'ensemble avec le moins de lignes possible, en rappelant aux élèves et exigeant constamment d'eux la pratique des principes du développement des surfaces, ainsi que de la direction et du parallélisme des lignes.

Planche 8, fig. 1, 2, 3. — L'ensemble du dessin perspectif étant fait, il faut, avant de le compléter, tracer sur le tableau (*en demandant aux élèves de les dessiner sur leur ardoise, sans les mesurer et par appréciation*) les profils géométraux des différents détails du modèle; puis, établissant un triangle ABC au-dessous de chaque profil, diriger au sommet C de ces triangles des lignes partant de tous les points des dits profils ramenés perpendiculairement sur la ligne AB.

Si, dans un triangle, on trace parallèlement à AB la ligne DG donnant la réduction perspective du même profil, tel qu'il se présente à l'œil dans le modèle général qu'on a entrepris de dessiner, il en résultera que les lignes allant au sommet du triangle diviseront cette nouvelle ligne DG en parties proportionnelles à la division établie sur la ligne AB par le profil géométral (*théorie des lignes proportionnelles et triangles semblables,* pl. 9, fig. 33).

Elevant alors, sur les divisions trouvées en DG, des verticales d'une grandeur égale aux dimensions données dans le profil géométral établi sur AB, on développera, comme il se présente à l'œil, le cercle du diamètre vertical MN (*fig.* 3); puis, comparant les diamètres des autres cercles à développer avec celui déjà

tracé, on donnera à chacun d'eux un développement proportionnel à leur diamètre (1).

Cette méthode, je l'ai déjà dit, force l'élève à raisonner le plus
petit détail, à ne rien faire au hasard, et le conduit naturellement
à exercer son œil et son jugement, dès lors l'habitue à dessiner
avec exactitude et sans aucune perte de temps.

Revenant alors au dessin d'ensemble (*planche* 7, *fig.* 2), l'élève
fait l'application de ce qui vient d'être dit, en dessinant les
détails réduits; ensuite, continuant, lorsque cela devient nécessaire, à employer les figures géométrales pour obtenir la perspective rigoureuse de certaines parties du modèle (*tel, par exemple, qu'on l'a pratiqué dans les figures* 1 *et* 2 *de la planche* 7, *où
l'on a divisé régulièrement un quart de cercle géométral, pour
trouver en perspective les divisions des rayons et dentures des roues
d'engrenage*), il complète son dessin perspectif.

En résumé : 1° Déterminer la hauteur du dessin à faire ;

2° Comparer la largeur totale des quatre poteaux à la hauteur
fixée pour le dessin, et tracer les deux lignes verticales indéfinies
A et B ; en faire autant pour les lignes CD ;

3° Comparer le développement des surfaces horizontales occu-
pées par ces quatre poteaux, à la base et au sommet du modèle,
pour déterminer la position de la ligne d'horizon ;

4° Développer les deux lignes RS, SV, formant le premier plan
du plateau sur lequel est établi le modèle, en comparant entre
eux les développements de même dimension géométrale, soit RS,
ST, puis prolonger ST en V ; en faire autant au sommet.

Utilisant ensuite ce qui a été dit sur la pente et le parallélisme
des lignes, compléter le tracé des deux parallélogrammes horizontaux dont QYU, RSV représentent deux des côtés, puis y
ajouter leur épaisseur ; enfin, marquant les angles verticaux E et
G, tracer les parallèles horizontales KM, NO, PX, pour déterminer
la base des poteaux ainsi que des arcs-boutants ou jambes de
force du modèle ;

5° Remontant alors au sommet du modèle, chercher les axes
verticaux 1, 2 et 3 ; puis, traçant les axes horizontaux des roues,
les prolonger pour y ajouter les diamètres verticaux 4 et 5 des
mêmes roues dentées, afin de développer le grand cercle de la

____

(1) Voir la planche 35 ainsi que la description de cette planche à la fin de ce chapitre,
comme complément de cette démonstration.

première de ces roues, dans le rapport du développement des surfaces verticales déjà dessinées.

Le cercle de la deuxième roue dentée doit se développer horizontalement, dans le rapport de son diamètre vertical comparé au diamètre de la première roue ; on agira de même pour le volant et le pignon au-dessous ; après quoi , traçant les cercles concentriques des roues, volant ou pignon, il restera à déterminer : 1° la direction des rayons *(en employant une fraction de cercle tracée géométralement)* ; 2° la direction des axes de la manivelle ; 3° enfin la forme des supports de chaque roue ;

6° Avant de continuer le dessin d'ensemble, étudier les détails de la planche 8 et 35 ;

7° Compléter alors l'ensemble du dessin, en faisant l'application des principes du développement proportionnel des surfaces horizontales et verticales, ainsi que de la direction et du parallélisme des lignes.

DESSIN GÉOMÉTRAL.

Il reste à compléter l'étude de ce modèle, en demandant aux élèves de tracer géométralement l'une de ses faces verticales, ainsi que le plan horizontal *(fig. 3, pl. 7)*.

Cette nouvelle étude est importante, en ce qu'elle forme l'élève à dessiner par appréciation, sans mesurer et sans quitter sa place, le croquis géométral d'un modèle pris sur ses différentes faces *plans, coupes et élévations)* ; elle l'habitue en outre à juger d'un coup d'œil la disposition, la forme et les proportions de l'objet à dessiner.

CROQUIS (1).

L'étude spéciale du croquis consiste à faire dessiner un modèle-relief en trois ou quatre heures, en procédant ainsi qu'il a été expliqué aux chapitres 8, 9 et 10, planches 5, 6 et 7, abstraction faite de l'étude des détails planche 8. Cet exercice présente donc l'incontestable avantage d'habituer les élèves à dessiner promptement, et a pour résultat de les préparer à réunir plus tard des matériaux utiles.

(1) Le croquis n'étant que l'application des principes déjà développés, ne doit être enseigné qu'après l'étude de la *perspective pratique*, et même après celle des éléments de la perspective linéaire.

En effet, supposons un manufacturier, un chef d'atelier, un ouvrier, voyageant pour son instruction : il ne pourra certainement s'arrêter suffisamment dans chaque manufacture, dans chaque atelier, pour faire des dessins achevés de tout ce qui l'intéressera ; mais si ce voyageur est habitué à apprécier exactement les formes et à les reproduire rapidement et le plus simplement possible, il fera en quelques instants un croquis semblable à la figure 1re des planches V et VII, et y ajoutera, sur les côtés, des profils géométraux sans développements, comme à la planche V ou VIII, en indiquant, s'il y a lieu, par des lettres de renvoi, leur position dans le dessin d'ensemble ; puis, rentré chez lui, il complétera à volonté les croquis rapportés de sa course. C'est un moyen beaucoup plus rapide et plus fructueux que toutes les descriptions écrites les mieux faites : d'ailleurs, rien n'empêche d'ajouter quelques notes aux croquis, lorsque ces notes paraissent nécessaires.

Si l'on admet une personne dans un atelier, ordonnant, d'après un plan, l'exécution d'une machine, d'une pièce quelconque, il sera facile de comprendre quelle ressource le directeur du travail tirera de la facilité d'appuyer ses explications d'un ou de plusieurs croquis faits en quelques minutes, et présentant sur toutes ses faces la forme à exécuter.

Nota. — Pour que le jury d'examen, chargé de juger les travaux de fin d'année, puisse apprécier le mérite réel des élèves, un concours de croquis a lieu en sa présence : une séance spéciale de trois ou quatre heures, suivant les difficultés du modèle à copier, est consacrée à ce travail.

DÉTAILS PERSPECTIFS.

—

PLANCHE XXXV.

—

DESSIN D'UNE MANIVELLE.

Figure 1re. — Les différents axes A, B, C de cette manivelle étant tracés, ainsi que les proportions générales, comparées avec l'ensemble du modèle auquel elle appartient ; enfin, les profils géométraux O et P étant connus, il faudra, pour les développer perspectivement :

1° Comparer le diamètre horizontal avec le diamètre vertical du plus grand cercle, déjà dessiné dans le rapport des surfaces de l'ensemble du modèle ; soit, par exemple, comme 3 est à 5, (*EG étant les trois cinquièmes de KM*) ;

2° Tracer le cercle géométral L, en diviser le diamètre horizontal en cinq parties égales ; puis, prenant les trois parties du centre comme diamètre réduit aux 3/5ᵉˢ, tracer des points 1 et 4 deux perpendiculaires à ce diamètre jusqu'à la rencontre de la circonférence aux points 6 et 7 que l'on réunira par une droite ; si, sur le centre de ce nouveau diamètre géométral 6, 7, on élève une perpendiculaire, elle coupera la circonférence au point 8, que l'on relèvera perpendiculairement sur le diamètre horizontal. On reconnaîtra alors que la réduction proportionnelle des moulures de la manivelle est de 1/5ᵉ. Ainsi, le diamètre horizontal EG étant les 3/5ᵉˢ du diamètre vertical KM, les profils seront réduits de 1/5ᵉ. Utilisant alors les moyens indiqués à la planche 8, on établira un triangle, ainsi que nous l'avons fait sous le profil P. Plaçant ensuite parallèlement la ligne 2, réduite d'un cinquième, sous la ligne 1, il faudra, des divisions données par les moulures, diriger des droites au sommet 3, donnant sur la ligne 2 la réduction proportionnelle de chacune de ces moulures. Si l'on porte cette subdivision sur le dessin perspectif et que de chaque point on élève une perpendiculaire, on pourra dessiner géométralement le profil réduit proportionnellement à la réduction du diamètre horizontal du cercle ; enfin, si l'on considère chacune de ces perpendiculaires comme le diamètre géométral d'un cercle dont le diamètre horizontal n'aurait que les 3/5ᵉˢ, on aura tous les points par où doivent passer les courbes donnant exactement la perspective des moulures de la manivelle.

Nota. — Le cercle 8 réduit de moitié donne pour les moulures les 6/7ᵉˢ de la dimension géométrale, ou, si l'on préfère, une réduction de 1/7ᵉ.

DESSIN D'UNE BRIDE.

Figures 2, 3 et 4.

Nota. — Le dessin perspectif d'une bride, dont la figure 3 donne le plan, présenterait de véritables difficultés pour obtenir exactement le développement des courbes formant son périmètre, si l'on ne décomposait sa forme ainsi que nous allons l'expliquer :

PLAN DE LA BRIDE.

Figure 3.

Cette bride est traversée par trois cylindres verticaux dont les centres sont placés sur son axe AB.

Les centres de ces cylindres sont également centres des trois grands cercles déterminant une partie des contours de la bride : leur rapport est de 1 à 3.

Les cercles tracés sur GK, NO ont leur diamètre moitié de ceux décrits sur le milieu de la bride en LM.

Les ordonnées P et Q ont 1/7e en plus que les diamètres GK, NO, ou 2/.^{m} en moins que celui LM.

OPÉRATION

Figures 2 et 4.

1° Tracer l'axe principal AB de la bride, puis les trois axes verticaux des cylindres C, D, E ; la distance DE étant 1/20e plus petite que CD (*proportion supposée en rapport avec le modèle perspectif auquel appartient la bride*).

2° Déterminer le diamètre horizontal des trois cylindres en donnant au cylindre E 1/10e en moins qu'à celui C, enfin au diamètre D le double de C moins 1/20e (*proportions données par le modèle d'ensemble, ainsi qu'il a été expliqué à l'article précédent*).

3° Donner au diamètre horizontal des trois grands cercles, à développer, trois fois le diamètre de chaque cylindre, trouvé en perspective.

4° Dessiner ces six cercles dans le rapport donné par les développements du modèle dont la bride est une fraction.

5° Tracer les ordonnées intermédiaires P et Q parallèlement à une perpendiculaire à l'axe (*tracée perspectivement*), en leur donnant une dimension en rapport avec les diamètres N'O', G'K', soit comme 6 est à 7, ou 1/7e en plus que ces diamètres.

6° Enfin, faire passer par ces ordonnées, et tangente aux trois grands cercles, la courbe donnant perspectivement le périmètre de la bride, dessinée en parfait rapport de développement et de dimension avec le modèle dont elle dépend.

TRACÉ D'UNE VIS.

Figures 5 et 6.

Si pour chacune de ces vis vous dessinez deux cylindres concentriques, et que dans l'intervalle laissé entre eux vous traciez géométralement une denture régulière, soit angulaire, soit carrée, il vous suffira, pour achever le dessin, de développer les courbes de droite à gauche pour revenir de gauche à droite, ainsi que l'indiquent les lignes ponctuées sur l'arrière-face de chacune des figures 5 et 6.

CHAPITRE X.

—

PLANCHE VI.

—

DESSIN DE PROJECTION.

OBSERVATIONS GÉNÉRALES.

Ce mode de dessin, qui forme le complément du cours de première année, n'est qu'un accessoire dans l'enseignement général; car l'expérience m'a démontré : 1° qu'un dessin préparatoire, plus un dessin de concours, suffisaient pour faire comprendre aux élèves le moyen de coter et de reproduire avec la règle et le compas une forme quelconque; 2° que vouloir exercer les élèves à l'usage du tire-ligne et de la plume, ainsi qu'à l'étude spéciale du dessin de mécanique, c'était perdre un temps qu'on pouvait mieux utiliser pour l'ensemble des élèves; 3° enfin, qu'il était préférable de généraliser l'enseignement élémentaire, que le spécialiser comme le proposent la plupart des auteurs qui ont publié des cours de dessin.

J'abandonne donc au professeur de mathématiques le soin de faire connaître aux élèves les formes si variées des engrenages et autres éléments de mécanique; car il m'a paru plus utile, pour la généralité des élèves, de n'exiger d'eux que des dessins au crayon, très-nets et parfaitement compris; laissant d'ailleurs à ceux qui, plus tard, auront besoin de dessiner à l'encre, à s'exercer au maniement des instruments qui y sont relatifs. Quant aux élèves appelés à s'occuper plus particulièrement de mécanique, les éléments qu'ils puisent au cours de mathématiques leur seront plus utiles que les quelques dessins spéciaux qu'on pourrait leur faire faire durant l'année scolaire.

En résumé, apprendre aux élèves les éléments raisonnés du dessin de projection, sans leur faire perdre un temps précieux à un exercice purement manuel, tel est le but que je me suis proposé.

PRATIQUE.

1° Commencer par tracer l'ensemble du croquis (*fig.* 1).

2° Dessiner complètement tous les détails du modèle (*fig.* 2 et 4).

3° Achever le dessin d'ensemble (*fig.* 1re), en utilisant l'étude des détails.

4° Coter l'ensemble en se bornant aux cotes générales, et placer celles des détails sur les détails mêmes.

Nota. — Il est très-important d'exiger des élèves qu'ils commencent par relever la cote générale, après quoi ils mesurent les cotes fractionnelles, pour les additionner et vérifier si elles donnent le même résultat, sauf à recommencer s'il existe une différence entre les deux cotes obtenues. Ce système a l'avantage de forcer l'élève à être exact; il l'habitue en outre à procéder pour les dessins géométraux ainsi qu'on l'a enseigné pour les dessins perspectifs, c'est-à-dire à dessiner les ensembles avant de s'occuper des détails.

5° Tous les dessins du modèle à reproduire géométralement étant faits et cotés sur une feuille, on demande aux élèves de dessiner sur une deuxième feuille, et sur une échelle dictée (*en employant le té, l'équerre, le compas et le crayon*), les différentes faces de ce même dessin, ainsi que la coupe, le plan et les détails, en cotant le tout comme cela se pratique pour les dessins destinés à être livrés aux ouvriers chargés de l'exécution des travaux. On exige que les élèves commencent à tracer les grandes dispositions du modèle, pour ensuite compléter les dessins par les détails; en utilisant d'abord les cotes générales, puis les cotes de détails placées sur les dessins ou croquis perspectifs. (*Figure* 3.)

Il devient parfois nécessaire de développer certaines formes (*fig.* 4 *et* 5), pour en obtenir la projection réelle, soit perspectivement, soit géométralement.

Nota. — Je dois faire remarquer que la planche 6 ne contient qu'une partie des dessins géométraux de la grue, parce qu'il m'a paru inutile de donner une deuxième planche, pour faire comprendre cette démonstration.

Il faudrait donc ajouter à la face principale de cette grue : 1° *une face latérale* donnant l'élévation géométrale de la roue; 2° *un plan à la base*; 3° *la face et même la coupe* de tous les détails.

Il convient d'exercer les élèves à arranger sur leurs feuilles les différents dessins demandés, de manière à satisfaire l'œil et le goût.

Les échelles doivent se faire avec un seul trait. Quant à la division de la première fraction, voir la planche 1re, figure 8.

Tous les dessins perspectifs se font sans instruments; les dessins géométraux seuls sont faits avec le té, l'équerre et le compas. C'est le mode suivi pour tout le cours de la première année scolaire.

En général, on fait dessiner les traits du premier plan plus fermes que ceux du second, et ceux du second plus marqués que ceux du troisième plan; enfin, on ajoute des traits de force sur les côtés opposés au jour.

ENSEIGNEMENT DU DESSIN,

MÉTHODE DUPASQUIER.

LIVRE III.

—

ÉLÉMENTS DE GÉOMÉTRIE (1).

CHAPITRE XI.

—

TERMES ET SIGNES CONVENTIONNELS EMPLOYÉS EN GÉOMÉTRIE.

DES SIGNES.

+ ou *plus* se place entre deux ou plusieurs termes pour indiquer leur addition. *Exemple* : 4 + 3 s'énonce : 4 plus 3.

— *moins* indique la soustraction. *Exemple* : 4 — 3, ou 4 moins 3.

× *multiplié par*. *Exemple* : 5 × 3 veut dire : 5 multiplié par 3.

: *Divisé par.*   *Exemple* :
        12 : 4, ou $\frac{12}{4}$, signifie : 12 est à 4, ou 12 divisé par 4.

:: *Comme.*   *Exemple* :
        12 : 4 :: 24 : 8, ou 12 est à 4 comme 24 est à 8.

= *Égale. Exemple* : 6 + 2 = 8 veut dire : 6 plus 2 égale 8.

$\sqrt{}$ indique l'extraction d'une racine carrée.

Exemple : $\sqrt{}$ 9 = 3 signifie : racine carrée de 9 égale 3.

L'interposition d'un chiffre entre l'ouverture de ce signe $\sqrt{}$, indique le degré de la racine.

---

(1) Ces éléments se bornent à ce qui est nécessaire à l'enseignement du dessin et de la perspective.

Exemple : $\sqrt[3]{27} = 3$ se dit par, racine cubique de 27 égale 3.

< et > veut dire : *plus petit que* et *plus grand que*.

Exemple.

3 < 4 veut dire : 3 *plus petit que* 4.
3 > 4 veut dire : 3 *plus grand que* 4.

DES TERMES.

Axiome est une vérité qui n'a pas besoin de démonstration : ainsi, *un tout est plus grand que l'une de ses parties*, est un axiome.

Théorème est une vérité qui a besoin, pour devenir évidente, d'un raisonnement appelé *démonstration*.

Problème est une question à résoudre.

Lemme est une vérité employée subsidiairement pour la démonstration d'un théorème, ou la solution d'un problème.

Corollaire est la conséquence immédiate d'une ou de plusieurs propositions déjà démontrées.

Hypothèse est synonyme de supposition.

Proposition est l'énoncé d'une vérité quelconque.

DÉFINITIONS.

En géométrie, l'*étendue* embrasse trois dimensions : longueur, largeur, épaisseur, *hauteur* ou *profondeur*.

L'*étendue*, restreinte à deux dimensions, prend alors le nom de *surface*; réduite à une seule dimension, elle se nomme *ligne*.

Les *surfaces*, toujours limitées par des lignes, sont planes, concaves ou convexes : une surface est *plane* quand une règle droite peut s'y appliquer, et y adhère exactement dans tous les sens; elle est dite *concave* lorsqu'elle est creuse, et *convexe* lorsqu'elle est bombée.

La *ligne* est la trace que laisse un point qui se meut dans l'espace.

Le *point* géométrique n'a pas de dimension.

ÉLÉMENTS DE GÉOMÉTRIE.

CHAPITRE XII.

DES LIGNES.

PLANCHE IX.

La ligne est *droite, courbe* ou *brisée.*

Les *lignes droites* sont *verticales, horizontales,* ou *inclinées.*

Les *lignes courbes* sont *circulaires, elliptiques, paraboliques,* etc.

Les *lignes brisées* sont formées de plusieurs droites qui se suivent en changeant de direction.

La *ligne oblique* est celle qui, tombant sur une autre ligne, penche plus d'un côté que d'un autre.

La *ligne horizontale* est déterminée par le niveau supérieur d'un liquide en repos ; elle se nomme également *ligne de niveau.*

La *perpendiculaire* est la ligne qui, tombant ou s'élevant sur une autre ligne, fait les angles adjacents égaux entre eux : chacun de ces angles se nomme *angle droit.*

PREMIER EXEMPLE.

Du point A, donné sur une ligne, élever une perpendiculaire à cette ligne.

Figure 3. — Placer à égale distance du point A, les deux points C et D ; si de ces deux points, comme centres, l'on décrit l'intersection B, et que l'on fasse passer une droite par AB, on aura la perpendiculaire demandée.

DEUXIÈME EXEMPLE.

Diviser la ligne AB en deux parties égales, en traçant la perpendiculaire CD.

Figure 2. — Des deux points A et B, décrire deux fractions de cercle qui se couperont en deux autres points C et D ; si par ces deux points C et D on fait passer une droite, on aura divisé la ligne AB en deux parties égales, par une perpendiculaire CD.

TROISIÈME EXEMPLE.

Abaisser du point A une perpendiculaire sur une ligne donnée.

Figure 4. — Tracer du point A une portion de cercle qui coupera en deux points la ligne BC; de ces points, comme centres, décrire une intersection en D : la droite passant par les points A et D sera la perpendiculaire cherchée.

Figure 9 bis. — La *verticale* est la ligne donnée par un fil, à l'extrémité duquel on a fixé un corps pesant; sa direction est le centre de la terre : d'où il résulte qu'une verticale ne peut être perpendiculaire qu'à une ligne horizontale, et réciproquement.

Les *parallèles* sont deux lignes également écartées dans toute leur longueur, dès lors ne pouvant jamais se rencontrer.

PREMIER EXEMPLE.

Figure 6. — La ligne CA étant donnée, ainsi que le point B, par lequel on veut faire passer la parallèle; d'un point à volonté sur la ligne AC, soit en A, tracer une portion de cercle CB, passant par le point B; puis, avec la même ouverture de compas, décrire de ce point B une portion de cercle AD, égale à la première, elle donnera le point D ; enfin, si par ces deux points, B et D, on tire une ligne, on aura la parallèle cherchée.

DEUXIÈME EXEMPLE.

Figure 7. — Des deux points A et B, et d'une même ouverture de compas, tracez deux portions de cercle : la ligne qui les touchera sera parallèle à la première.

ÉLÉMENTS DE GÉOMÉTRIE.

CHAPITRE XIII.

DES ANGLES ET TRIANGLES.

Les *angles* se mesurent par leur ouverture, et non par la longueur de leurs côtés: le point de rencontre des deux lignes, formant les côtés d'un angle, se nomme *sommet de l'angle*.

L'*angle droit* est celui qui est défini à la figure 3 : dire que deux lignes se coupent à angle droit, c'est dire qu'elles sont perpendiculaires l'une à l'autre.

Figure 9. — Tout angle inscrit dans un demi-cercle est droit.

Figure 8. — L'*angle aigu* ABD est plus petit que l'angle droit ABC.

Enfin, l'*angle obtus* ABK est plus grand que l'angle droit ABC.

Tracer un angle droit à l'extrémité d'une ligne.

Figure 5. — D'un point quelconque C, pris hors la ligne AB, en prenant CA pour rayon, décrire l'arc BAD, qui coupe BA au point B; tracer alors BC, qui, prolongé, coupe l'arc BAD en D : l'angle étant compris dans une demi-circonférence sera droit.

Diviser un angle en deux parties égales.

Du sommet de l'angle, comme centre, tracer un arc de cercle coupant les deux côtés de cet angle; des deux points d'intersection donnés sur les côtés, et d'une même ouverture de compas, tracer deux fractions de cercle : si par leur rencontre ou intersection vous menez une droite au sommet de l'angle, il sera divisé en deux parties égales.

On nomme *triangle* toute figure formée par trois lignes : le triangle est le plus simple des polygones.

Figure 1re. — Le *triangle équilatéral* a ses angles et ses côtés égaux (1).

Figures 5 et 27. — Le *triangle rectangle* est celui qui a un angle droit : le côté opposé à l'angle droit s'appelle *hypothénuse*.

---

(1) On dit qu'une figure est équi-angle, lorsqu'elle a tous ses angles égaux; elle est équilatérale, lorsque ce sont les côtés.

Le triangle rectangle jouit de cette propriété, que le carré fait sur l'hypothénuse est équivalent à la somme des carrés construits sur les deux autres côtés.

Figure 5. — Le *triangle isocèle* a deux côtés et deux angles égaux (1).

Figure 9. — Le *triangle scalène* A a ses trois côtés inégaux.

La somme des trois angles d'un triangle est toujours égale à deux angles droits (*fig.* 9).

Un côté quelconque est toujours plus petit que la somme des deux autres (*fig.* 9).

Le plus grand angle d'un triangle est toujours opposé au plus grand côté (*fig.* 9).

CHAPITRE XIV.

DES POLYGONES.

Figure 23. — Le *parallélogramme* est un polygone dont les côtés opposés sont parallèles.

Le *parallélogramme rectangle* a ses angles droits.

Figure 24. — Le *trapèze* est un quadrilatère dont deux des côtés seulement sont parallèles.

Figure 26. — Le *losange* a ses côtés égaux et parallèles, sans avoir ses angles droits.

DES POLYGONES RÉGULIERS.

Un polygone qui est à la fois équi-angle et équilatéral, s'appelle polygone régulier : tout polygone régulier peut être inscrit dans le cercle, et peut lui être circonscrit.

Figure 15. — Le *carré* est un polygone régulier ou parallélogramme, dont les angles sont droits et les quatre côtés égaux.

Tracer un carré dans un cercle.

Menez deux diamètres perpendiculaires l'un à l'autre, et par les

---

(1) Lorsque le triangle isocèle a un angle droit, il est la représentation de l'instrument nommé *équerre*, à 45 degrés (*pl.* 10).

quatre points de rencontre avec le cercle ABCD, tracez les cordes AB, BC, CD, DA.

La *diagonale* est la ligne droite liant les angles opposés du carré, soit AC, BD.

Figure 15. — L'*octogone* est formé de huit côtés égaux ; on l'obtient de deux manières.

PREMIER EXEMPLE.

Après avoir construit le carré, ainsi qu'il vient d'être expliqué, on trace deux nouveaux diamètres EG, HK, parallèles aux côtés du carré ; les cordes CG, GD, etc., réunissant les huit points trouvés sur le cercle, donneront l'*octogone régulier* ; on peut encore le tracer en prenant pour centre les angles du carré circonscrit, et pour rayon la moitié des côtés de ce carré.

DEUXIÈME EXEMPLE.

Le cercle étant inscrit dans un carré, prendre pour rayon la moitié de l'une des diagonales du carré, et pour centre les quatre angles du carré ; tracer alors quatre portions de cercle, qui viendront couper les quatre côtés de ce carré en huit points, qui, réunis par des lignes droites, donneront l'octogone circonscrit.

On voit que, par le premier moyen, l'octogone est inscrit dans le cercle ; par le deuxième, au contraire, il y est circonscrit.

Figure 14. — Le *cercle* est une figure plane ou surface formée par une ligne courbe, dont tous les points sont à égale distance d'un autre point intérieur que l'on nomme *centre* : cette courbe se nomme *circonférence*. Ainsi, le cercle est la figure dont la circonférence est le contour.

Toute droite AB, allant du centre à la circonférence, se nomme *rayon*.

Toute droite CD, passant par le centre A, et se terminant de part et d'autre à la circonférence, est un *diamètre*.

On appelle *sécante* toute ligne prolongée au-delà du cercle.

On nomme *arc* une portion quelconque de la circonférence.

La ligne EG, réunissant les deux extrémités de l'arc, se nomme *corde*.

Une droite KL, qui ne touche la circonférence qu'en un seul point, se nomme *tangente* : le point de tangence B est déterminé par la perpendiculaire à la tangente passant par le centre du cercle, soit AB.

Le *segment de cercle* est la surface comprise entre l'arc et la corde EG.

Un *secteur* est une portion de cercle comprise entre un arc et deux rayons, soit EDG (*fig.* 17).

Figure 17. — *Trouver le centre d'un cercle donné, par trois points placés à volonté sur la circonférence, ou bien encore faire passer un cercle par trois points donnés.*

Réunissez les trois points ABC par des cordes ; élevez sur le milieu de chaque corde une perpendiculaire E et G, la rencontre de ces deux perpendiculaires donnera le centre D.

DIVISION DE LA CIRCONFÉRENCE DU CERCLE.

On est convenu de diviser la circonférence du cercle en quatre parties égales, et chacune de ces parties en quatre-vingt-dix autres que l'on nomme degrés ; la circonférence du cercle contient donc 360 degrés. Le degré se subdivise en 60 minutes ; la minute en 60 secondes ; la seconde en 60 tierces ; la tierce en 60 quartes, qui se marquent ainsi :

25′, 30″, 50‴, 40⁗, ce qui signifie 25 minutes, 30 secondes, 50 tiers et 40 quartes (1).

Figure 21. — *Mener deux tangentes à une circonférence, par un point donné B.*

Du point B au point de centre O, menez une droite ; cette ligne BO prise pour diamètre, ponctuez la circonférence, elle coupera la première circonférence en deux points M, N ; les lignes BM, BN sont les tangentes cherchées, car si l'on mène les rayons OM, ON, ils seront perpendiculaires aux lignes BM, BN.

Figure 22. — *Mener une tangente à deux cercles donnés.*

Réunissez les deux centres par la ligne AB ; portez sur le rayon de la grande circonférence, de D en C, la grandeur du rayon EB de la plus petite circonférence, puis, avec la différence AC, tra-

(1) La nouvelle subdivision de la circonférence est de 400 degrés.

cez un cercle concentrique, ainsi que la ligne BZ. Si du point de centre A vous élevez une perpendiculaire à la ligne ZB, soit AM, et que du point de centre B vous meniez une parallèle à AM, soit BN, vous aurez trouvé les deux points de tangence où doit passer la ligne cherchée : tracez alors la tangente NM.

Figure 19. — *Mener une tangente à une ellipse.*

Par le point C, pris sur l'ellipse, menez les rayons vecteurs BC et AC; prolongez BC en D, de manière que ce prolongement soit égal au petit rayon AC; réunissez AD par une ligne droite, sur le milieu de laquelle vous élèverez la perpendiculaire KM, qui sera la tangente cherchée.

Figure 13. — *Tracer un pentagone, ou figure ayant cinq côtés égaux.*

Dessinez deux diamètres perpendiculaires l'un à l'autre, et d'un point de centre, pris sur la moitié du rayon en A, tracez un arc jusqu'en C, par un rayon AB; la corde BC sera le côté du pentagone à construire.

Le *décagone*, ou figure ayant dix côtés égaux, s'obtient en élevant une perpendiculaire sur chacun des côtés du pentagone, et en traçant les cordes BD, DE, etc.

Figure 12. — L'*hexagone* a six côtés égaux, donnés par le rayon de la circonférence dans laquelle il est inscrit. On peut l'obtenir encore, en traçant d'un point quelconque de la circonférence, soit C, une corde coupant cette circonférence en deux point A et B, donnés par l'arc de cercle AKB; puis, prolongeant le rayon C en D, former un triangle équilatéral ADB; élevant alors une perpendiculaire sur chacun des côtés de ce triangle, on obtient sur la circonférence les six points cherchés. D'autres perpendiculaires, élevées sur chacun des six côtés, donnent le *dodécagone*, ou *figure ayant douze côtés égaux.*

ÉLÉMENTS DE GÉOMÉTRIE.

CHAPITRE XV.

—

DE L'ELLIPSE.

Figure 16. — L'*ellipse* est une courbe fermée, tracée de telle manière, que la somme des distances de chacun des points de cette courbe, à deux autres points fixes, est constante : ces deux points fixes GH se nomment *foyers*; ils servent à tracer l'ellipse.

Les rayons vecteurs GCH, GIH, GKH, sont des lignes qui vont d'un point quelconque de l'*ellipse* aux *foyers*.

Le *grand axe* AB est le plus grand diamètre de l'ellipse, ou celui sur lequel sont situés les foyers GH; il est égal à la somme des rayons vecteurs.

Le *petit axe* CD est le plus petit diamètre de l'ellipse; il est perpendiculaire sur le milieu du grand axe.

Les *ordonnées* sont des lignes parallèles au petit axe de l'ellipse, et servent à en mesurer le contour.

DIFFÉRENTS MOYENS DE TRACER L'ELLIPSE.

PREMIER MOYEN.

Figure 16. — Élever une perpendiculaire sur le milieu du grand diamètre, soit CD; du point C, comme centre, et d'un rayon égal à la moitié du grand diamètre, tracer les deux points GH : on aura les deux foyers de l'ellipse. Plaçant alors deux pointes à ces deux foyers, faire tendre la corde (retenue par les deux pointes) avec un crayon ou tout autre instrument, en ne donnant pour longueur totale à cette corde que celle des deux rayons GC, HC; puis décrire la courbe ainsi que le démontrent les deux triangles I et K, dont les trois côtés donnent toujours des dimensions égales à la somme des côtés du premier triangle CGH.

DEUXIÈME MOYEN.

Figure 16. — Tracer sur une règle les rayons OM, OL du grand et du petit diamètre de l'ellipse cherchée; faisant alors tourner cette règle en maintenant constamment les deux points L et M sur les deux diamètres, on décrira l'ellipse.

TROISIÈME MOYEN.

Figure 18. — Diviser en quatre parties égales la longueur du grand diamètre ; puis, des centres ABC, tracer trois cercles : dans celui du centre, construire un carré dont les côtés seront prolongés jusqu'à la circonférence des deux cercles extrêmes en IL, HK ; si des points D et G, comme centres, et d'un rayon égal à DH ou DI, on trace les arcs HI, KL, on aura l'ellipse demandée.

TRACER UNE ANSE DE PANIER.

Figure 25. — Prenez le petit rayon CD, reportez-le sur le grand rayon en CE, la différence EA étant placée de D en P sur la corde AD, élevez une perpendiculaire sur le milieu de la fraction AP de cette corde, soit LO ; le prolongement de cette perpendiculaire, rencontrant le petit diamètre en K, donnera le centre de la courbe LDM ; quant aux centres OO des courbes extrêmes, ils sont donnés par l'intersection de la même perpendiculaire avec le grand diamètre.

Figure 20. — L'*ovale* ne doit pas être confondue avec l'ellipse. L'ovale est une courbe fermée, allongée en ellipse par une des extrémités de son grand axe, tandis que l'autre extrémité est une demi-circonférence.

Du point K comme centre, décrire la circonférence AMBC, puis tracer deux lignes AD, BE, se rencontrant au point C ; alors, par les points A et B pris comme centres, et, avec un rayon égal AB, décrire deux arcs de cercle AE, BD ; enfin, terminer la figure par un arc de E en D, d'un rayon égal CD.

CHAPITRE XVI.

DES SOLIDES.

On nomme *solide* ou corps, tout ce qui a trois dimensions : longueur, largeur, épaisseur ou profondeur.

La *grandeur*, ou contenance d'un solide, est ce que l'on nomme son volume ou sa capacité.

Il y a plusieurs sortes de solides.

Le *polyèdre*, ou corps limité par des surfaces planes; le *cône*, le *cylindre* et la *sphère*, terminés par des surfaces courbes.

Le *prisme* est un polyèdre ou solide, terminé par deux polygones égaux et parallèles, et dont toutes les autres faces sont des parallélogrammes.

Un prisme est *triangulaire* (fig. 11), *quadrangulaire* (fig. 30), *pentagonal*, *hexagonal*, etc., suivant que sa base est formée d'un triangle, d'un carré, d'un pentagone ou d'un hexagone; il est droit ou oblique, suivant que ses côtés sont inclinés ou forment des angles droits avec la base; enfin, il est régulier, lorsque sa base est un polygone régulier.

Figure 30. — Le *parallélipipède* est un prisme droit, à base quadrangulaire et rectangle, c'est-à-dire formée par quatre angles droits.

Figure 32. — *Cube*. Lorsque le prisme a pour base un carré, et que tous ses côtés sont égaux, on le nomme *cube*, ou bien encore *hexaèdre* régulier.

On distingue parmi les *polyèdres réguliers*, outre le cube : 1° le *tétraèdre*, 2° l'*octaèdre*, 3° l'*icosaèdre*, qui sont formés extérieurement de quatre, huit, et vingt triangles équilatéraux; enfin, le *dodécaèdre*, qui est terminé par douze pentagones réguliers.

Figure 10. — Le *cylindre* est un solide compris entre deux cercles égaux et parallèles. Un *cylindre* est engendré par la révolution d'un rectangle autour de l'un de ses côtés pris pour axe; les côtés perpendiculaires à l'axe décrivent deux cercles égaux et parallèles qui sont les bases du cylindre.

Enfin, un solide engendré par une droite tournant autour d'un axe, suivant le contour d'un cercle donné, est également un cylindre.

Figure 34. — La *pyramide* est un solide formé par plusieurs surfaces, partant d'un polygone qui en est la base, pour aboutir toutes au même point, qui en est le sommet.

On la nomme *pyramide triangulaire, quadrangulaire, pentagonale*, etc., suivant que la base est formée par trois, quatre ou cinq côtés, etc.

Le *cône* est une espèce de pyramide dont la base est un cercle. C'est un solide engendré par une droite tournant d'un bout autour du même point, qui en est le sommet, et de l'autre, autour d'un cercle quelconque lui servant de base.

Le cylindre, la pyramide et le cône sont dits *droits* ou *inclinés*, suivant que le sommet, abaissé sur le centre de la base, donne une ligne perpendiculaire ou inclinée.

La *sphère* est un solide terminé de toutes parts par une surface dont tous les points sont également éloignés du même point de centre : ou encore un solide engendré par un demi-cercle donné, tournant autour de son diamètre.

Nota. — La hauteur d'une figure est la perpendiculaire abaissée de son sommet sur la base.

CHAPITRE XVII.

DES FIGURES SEMBLABLES ET DES LIGNES PROPORTIONNELLES.

Figures 28, 29 et 35. — *Deux figures sont semblables, lorsqu'elles ont leurs angles égaux et leurs côtés homologues proportionnels.*

Figure 28. — Le triangle ABC est *semblable* au triangle ADE, car leurs angles sont égaux (étant compris entre parallèles), et leurs côtés homologues, proportionnels.

En effet, le côté AB est au côté AD comme BC est à DE, comme AC est à AE ; il en est de même du triangle BDG.

Figure 29. — Deux triangles sont donc *semblables* lorsqu'ils ont un angle opposé au sommet, et leurs côtés parallèles, puisque les angles sont égaux, et les côtés homologues proportionnels.

Deux figures peuvent être *semblables*, sans être *égales* : deux figures égales sont celles qui, appliquées l'une sur l'autre, coïncident dans tous leurs points.

Tous les cercles, quelle que soit la dimension de leur diamètre, sont des *figures semblables* ; ces cercles ne sont égaux que lorsque leurs diamètres ont la même dimension.

Les triangles équilatéraux, les carrés et en général tous les polygones réguliers sont dans le même cas : ils sont *égaux*, lorsque leur dimension est la même ; ils sont *semblables*, lorsqu'ils diffèrent de grandeur.

Dans les cercles inégaux, on appelle arcs semblables ceux qui répondent, au centre, à des angles égaux.

Figure 35. — *Les parallélogrammes qui ont un angle commun, ainsi qu'une même diagonale, sont semblables et ont leurs côtés proportionnels.*

Ainsi, les parallélogrammes ABCD et AEGH sont semblables, car ils ont un angle commun A, et sont traversés par une même diagonale AG ; ils ont leurs côtés proportionnels, puisqu'ils sont compris entre parallèles.

Donc, AB : AE : : BC : EG : : CD : GH : : AD : AH ; d'où il résulte que, dans la pratique, lorsqu'on veut diviser l'un des côtés AH d'un parallélogramme, proportionnellement à une division déjà établie sur un autre côté, soit AE, il faut, des points B et K, mener les parallèles BC, KL jusqu'à la rencontre de la diagonale, pour les ramener perpendiculairement sur le côté AH en D et M.

Figure 31. — *Diviser une ligne droite donnée, soit AB, en parties proportionnelles à la division opérée sur une autre ligne AC.*

Réunir par une ligne droite les deux points extrêmes B, C, et par les points donnés D et G mener des parallèles à la première ligne CB ; leur rencontre avec la ligne AB donnera des divisions proportionnelles à celles établies sur la ligne AC.

Figure 33. — *Diviser en quatre parties égales une ligne CD, trop petite pour employer le compas.*

Si l'on trace, avec le décimètre ou le compas, quatre divisions égales sur une ligne, soit AB, et que sur cette ligne on construise un triangle équilatéral, on aura le sommet K. Si de ce point et d'un rayon égal à la ligne à diviser, soit CD, on trace un arc de cercle coupant deux des côtés du triangle en C et D ; enfin, si l'on tire la ligne CD, il faudra, des points E, G, H, mener au sommet K des droites qui diviseront la ligne CD en quatre parties proportionnelles à celles établies sur la ligne AB ; elles seront donc égales entre elles. C'est le moyen employé pour tracer les subdivisions des échelles, ainsi que cela est expliqué à la première planche (*fig.* 8).

On appelle *plan*, en géométrie, toute surface dans laquelle, prenant deux points à volonté, et joignant ces points par une ligne droite, cette ligne touche la surface dans toute sa longueur, et s'y applique exactement.

Un plan peut être *horizontal, vertical* ou *incliné*.

En architecture, on appelle *plan* le dessin qui représente la disposition horizontale d'un édifice.

On nomme *élévation* un dessin projeté sur un plan vertical.

SÉRIE DES OUTILS NÉCESSAIRES A UN ÉLÈVE,

POUR

TRACER LES ÉLÉMENTS DE GÉOMÉTRIE ET SUIVRE LE COURS DE PERSPECTIVE LINÉAIRE,

DÉVELOPPÉ AU LIVRE SUIVANT.

Fig. 1ʳᵉ, *pl.* 10. Une planchette de 0ᵐ,50 de longueur sur 0ᵐ,35 de
largeur . . . . 1 f. 25 c.
Une équerre à 45 degrés, de 0ᵐ,20 de côté (1) . » 35
Un compas en cuivre, à pointe et à porte-crayon
fixe 4 25
Un décimètre . . . . » 50
Un tampon en lisière, pour effacer . . . . . » 10
Une règle de 0ᵐ,4 de largeur sur 0ᵐ,50 de lon-
gueur . . . . » 20
Un canif à une lame . . . . » 50
Douze crayons blancs . . . . » 10

7 f. 25 c.

Nota. — Une boîte divisée en sept compartiments, pour recevoir les instruments d'une brigade, coûte 75 centimes.

Il faut au professeur :

Une planche noire de 1ᵐ,20 sur 0ᵐ,80 . . . . . 7 f. » c.
Sa peinture à l'huile bien poncée . . . . . . 1 »
Une règle de 0ᵐ,80 sur 0ᵐ,05 de côté. . . . . } 1 10
Une équerre à 45 degrés, de 0ᵐ,35 de côté . . }
Une éponge avec chaînette en cuivre 2 25
Un canif 0 30
Une grosse de crayons blancs 1 20

13 f. 05 c.

(1) Pour vérifier si une équerre est juste, il faut la placer sur une règle, et tracer une ligne par le côté perpendiculaire à cette règle, puis, renversant l'équerre, tirer une deuxième ligne sur le même côté. Si ces deux lignes se confondent, l'équerre est juste : dans le cas contraire, elle doit être retouchée par l'ouvrier. (*fig.* 27, *pl.* 9.)

ENSEIGNEMENT DU DESSIN,

MÉTHODE DUPASQUIER.

LIVRE IV.

—

PERSPECTIVE LINÉAIRE.

CHAPITRE XVIII.

—

OBSERVATIONS GÉNÉRALES.

Mon premier but, en rédigeant ce cours, était, ainsi que je l'ai dit, de faciliter mon enseignement en aidant les élèves à comprendre les démonstrations du professeur.

Plus tard, pensant qu'il serait utile d'établir des concours spéciaux pour l'application théorique de cette science, j'ai été conduit à simplifier les moyens employés avant moi.

Une fois dans cette voie, il m'a semblé qu'il serait également intéressant pour les jeunes gens qui se destinent aux carrières artistiques, de pouvoir étudier la perspective sans qu'il leur fût nécessaire de s'occuper préalablement d'études mathématiques, qui généralement leur sont antipathiques. J'ai donc formulé mes leçons de manière à n'exiger des élèves que l'étude préalable de quelques notions de géométrie comprenant les définitions ainsi que la connaissance de quelques propriétés des lignes, angles et triangles ; enfin, le nom des polygones et des solides, toutes choses développées au livre III : *Eléments de géométrie.*

Substituant ensuite l'emploi des lignes proportionnelles à celui des points de distance et lignes de 45 degrés, je suis parvenu à pouvoir supprimer les projections, dès lors à rendre possible aux dessinateurs la mise en perspective d'une vue, soit en se plaçant devant la nature, soit dans le cabinet, sans être obligés préalablement d'établir le plan perspectif et l'élévation des corps ; dès lors, beaucoup plus promptement et aussi exactement que par les moyens ordinaires : ainsi, du reste, que je le démontre aux chapitres XXIII et XXIII *bis*, planches 15, 16, 36 et 37-38.

Il m'eût été facile de faire graver un plus grand nombre de planches et même de figures, mais alors il eût fallu augmenter le prix de l'ouvrage. Il m'a paru préférable de me borner à l'utile, en réduisant à sa plus simple expression une étude qui, jusqu'à ce jour, a effrayé les jeunes artistes par ses difficultés scientifiques, et leur donner le moyen de se procurer, pour un prix modique, un résumé suffisant à la plupart d'entre eux (1).

La méthode pratique, que j'ai créée pour l'enseignement de la perspective linéaire, aide puissamment au progrès, car elle force les élèves à s'occuper de la leçon expliquée par le professeur, et donne à ce dernier le moyen de s'assurer en une minute si tous les élèves ont tracé sur leurs planchettes la figure demandée, enfin s'ils ont compris la démonstration (2).

Cette méthode consiste : 1° à faire tracer simultanément par les élèves toutes les opérations de perspective, de telle sorte que tous s'exercent à la pratique de cet art en même temps qu'à la théorie (3) ;

2° A faire dresser toutes les planchettes sur les bidets, pour que le professeur puisse voir d'un coup d'œil le travail de la totalité des élèves.

L'inspection achevée, le professeur indique les erreurs, s'il en existe ; puis, sur un nouveau signal (4), toutes les planchettes s'abaissent pour opérer les rectifications ou passer à une autre figure.

Cette facilité d'inspection, en même temps que la possibilité d'effacer rapidement le crayon blanc avec lequel se tracent les figures, permet au professeur de compléter le cours en huit ou dix séances d'une heure et demie, soit douze ou quinze heures d'étude (5).

Le professeur doit toujours appuyer sa démonstration d'une figure faite à la main, sans instrument, et simplement comme indication de celle qu'il demande aux élèves ; il ne doit avoir recours

(1) Nous renvoyons les artistes décorateurs aux traités de Thibaut, d'Adhémar, de Jaurrat et autres.

(2) La leçon peut être donnée à 80 ou 100 élèves, divisés par sections de sept, ayant chacune un brigadier.

(3) Les élèves se servent, pour le tracé des figures, du crayon blanc, de la règle, de l'équerre, ainsi que du décimètre et du compas.

(4) Une petite sonnette sert au professeur à régulariser ces différents mouvements.

(5) La planchette en bois noirci remplace, pour cette partie de l'enseignement, l'ardoise, si utilement employée pour le cours de perspective pratique.

à la règle, à l'équerre, au compas que dans les cas exceptionnels, et pour prouver par une opération régulière la vérité des faits avancés.

Nota. — Les cotes gravées à chaque figure des planches de ce cours sont calculées pour que le dessin fait avec ces mesures entre dans la dimension de la planchette.

PLANCHE X.

—

DÉFINITIONS.

Figure 1re. — *Le tableau* est une surface plane et transparente sur laquelle viennent se peindre les objets, tels qu'ils se présentent à l'œil du spectateur. (*Voir la figure géométrale* 7, *planche* 12, *et la figure* 3 *de la planche* 16.)

La base du tableau est la ligne inférieure du cadre : c'est sur cette base que se rapportent ou se relèvent les lignes à diriger en perspective.

Le plan du tableau est la projection horizontale de ce tableau. C'est en arrière de ce plan que se placent les corps à mettre en perspective.

Le spectateur doit être placé en avant du tableau, à deux ou trois fois au moins la plus grande dimension de ce tableau, pour que l'angle optique puisse l'embrasser convenablement.

La ligne d'horizon est toujours à la hauteur de l'œil; d'où il résulte que cette hauteur varie suivant la position prise par le spectateur.

Le point de vue est déterminé sur la ligne d'horizon par la droite partant de l'œil du spectateur et arrivant perpendiculairement au tableau.

Le point de distance se place sur la ligne d'horizon, à droite ou à gauche du point de vue. L'écartement entre ces deux points est donné par l'espace compris entre le *spectateur* et le *tableau*.

Le rayon visuel part de l'œil et aboutit à l'objet regardé: c'est la trace que parcourt un atome pour arriver à notre œil.

DIRECTION DES LIGNES.

Figure 1re. — Demander aux élèves de tracer sur la planchette : 1° un tableau de 0^m,12 de hauteur sur 0^m,16 de largeur;

2° le plan du tableau à 0^m,08 au-dessous; 3° la place du spectateur à 0^m,12 en avant du tableau; 4° la ligne d'horizon à 0^m,04 en contre-bas du sommet dudit tableau; 5° le point de vue, en élevant une perpendiculaire du point S occupé par le spectateur jusqu'à la ligne d'horizon en V; 6° les points de distance, en portant sur la droite et sur la gauche du point de vue un écartement égal à la distance qui existe entre le spectateur S et le plan du tableau; 7° enfin, placer le point O à mettre en perspective.

Annoncer alors que les lignes perpendiculaires au tableau se dirigent au point de vue, et que celles formant avec le plan du tableau un angle de 45 degrés (*ou moitié de l'angle droit*), se dirigent aux points de distance (1).

Mettre en perspective le point O donné en plan, en faisant passer par ce point une perpendiculaire OB, ainsi que deux lignes de 45 degrés; puis, relevant ces trois lignes sur la base du tableau CBC, diriger la perpendiculaire B au point de vue, et les lignes de 45 degrés CC aux points de distance, leur rencontre donnera le point A' cherché en perspective.

Prolongeant alors la base du tableau de K en M, ainsi que la ligne d'horizon, on établira la coupe ou plan vertical de l'opération déjà faite sur le plan horizontal au-dessous du tableau. Ensuite, marquant la place de l'œil du spectateur sur la ligne d'horizon, ainsi que le point O', dont l'écartement est fixé à 0^m,04 en arrière du tableau, tracer le rayon visuel formant avec la coupe de ce tableau une intersection au point A : cette intersection indique la place où l'objet regardé O' vient se peindre sur la surface du tableau.

Cette opération géométrale faite sur le plan vertical prouve l'exactitude de la première opération établie sur le plan horizontal.

En effet, si du point A, donné par la rencontre du rayon visuel avec la coupe du tableau, on trace une ligne parallèle à la base de ce tableau, cette ligne passera précisément à l'intersection A', trouvée par la perpendiculaire et les lignes de 45 degrés tracées en perspective.

(1) Ces dernières se nomment lignes à 45 degrés.

CHAPITRE XIX.

PLANCHE X.

PARALLÉLISME DES LIGNES.

Résumer le chapitre précédent, en insistant principalement sur la position de la ligne d'horizon, sur la distance ou l'espace compris entre le tableau et le spectateur; enfin, sur la direction des lignes perpendiculaires et celles à 45 degrés.

Demander ensuite aux élèves de tracer un tableau de 0^m,18 de hauteur sur 0^m,20 de largeur; placer la ligne d'horizon à 0^m,06 au-dessous du sommet du tableau; le point de vue à 0^m,08 sur le côté gauche; le point de distance à 0^m,30; enfin, le plan du tableau à 0^m,12 au-dessous de la base.

Ces préparatifs achevés, dire aux élèves :

1° *Que les parallèles au plan du tableau restent parallèles en perspective;* 2° *que les parallèles formant un angle quelconque avec le tableau ne restent pas parallèles en perspective.*

PREMIER EXEMPLE.

Figure 2. — Tracer à 0^m,08 en arrière du plan du tableau une parallèle à ce plan; déterminer sur cette ligne deux points A et B espacés entre eux de 0^m,09 : le point B étant distant de 0^m,02 du côté droit du tableau.

Mettre en perspective le point A par une perpendiculaire et une ligne de 45 degrés (1) rapportées sur la base du tableau et menées l'une au point de vue et l'autre au point de distance.

En agir de même pour le point B.

Réunir par une droite les points A' et B' trouvés en perspective : si l'opération a été faite exactement, *cette ligne sera parallèle à la base du tableau* (2).

Placer une deuxième ligne CD parallèle au plan du tableau, et la mettre en perspective par deux nouvelles lignes de 45 degrés

---

(1) Le tracé d'un quart de cercle donne le même résultat que la ligne de 45 degrés.

(2) Faire vérifier l'exactitude de ces opérations avec la règle et l'équerre, ou bien encore avec le compas.

seulement, en utilisant les perpendiculaires tracées pour la première ligne AB.

Réunir par une droite les deux points C'D' trouvés en perspective. Cette deuxième ligne sera parallèle à celle A'B' déjà trouvée.

En conclure : 1° que toute ligne parallèle au plan du tableau reste en perspective parallèle à la base de ce tableau;

2° Que les lignes parallèles entre elles, et de plus parallèles au plan du tableau, restent parallèles en perspective;

3° Que les perpendiculaires au plan du tableau se dirigeant toutes au point de vue, ne peuvent rester parallèles en perspective, quoique parallèles en plan;

4° Qu'il en est de même pour les lignes de 45 degrés.

DEUXIÈME EXEMPLE.

Conserver le tableau, l'horizon et le plan.

Figure 3. — Afin de faire l'application des principes qui viennent d'être développés, on demandera aux élèves de mettre en perspective une parallèle au plan du tableau, soit AB : en employant pour cette opération deux lignes perpendiculaires AC, BD. menées au point de vue; une ligne de 45 degrés AM, rapportée sur la base du tableau en K et dirigée au point de distance; enfin, une parallèle A'B' à la base du tableau, partant du point A'. Cette dernière ligne sera la parallèle cherchée en perspective.

LIGNES ACCIDENTELLES.

Conserver le tableau, l'horizon et le plan.

On a déjà vu que les lignes formant un angle droit ou un angle de 45 degrés avec la base du tableau, ne restaient pas parallèles en perspective; nous ajoutons qu'il en est de même de toutes autres lignes formant un angle quelconque avec ce tableau. Ces dernières se nomment lignes accidentelles, parce qu'elles se dirigent sur la ligne d'horizon à des points qui varient suivant l'inclinaison des dites lignes.

EXEMPLE.

Figure 4. — Tracer en plan la ligne CB, en plaçant le point B à 0^m,02 d'écartement du prolongement du tableau; inscrire cette ligne CB entre deux parallèles perpendiculaires au tableau, en les espaçant de 0^m,04.

Mettre en perspective cette même ligne CB par une perpendiculaire et une ligne de 45 degrés se rencontrant en B', en rapportant perpendiculairement le point C sur la base du tableau en C'.

Réunir en perspective les deux points trouvés C'B' par une droite, qui, prolongée jusque sur la ligne d'horizon, donnera le point accidentel A'' où devront se diriger et se rencontrer toutes les parallèles à la ligne obtenue en perspective.

En effet, si l'on met en perspective la deuxième ligne DA parallèle en plan à celle CB, son prolongement arrivera au même point accidentel A'' sur la ligne d'horizon; d'où il faut conclure que les lignes dites accidentelles, formant avec le tableau un angle aigu ou obtus, ne conservent pas leur parallélisme en perspective.

Il suffit des deux perpendiculaires DD', AM et de la parallèle horizontale partant de B', pour connaître le point A' cherché en perspective : la deuxième ligne D'A', prolongée sur la ligne d'horizon, arrive au même point accidentel A'' trouvé par la première ligne C'B'. On pourrait remplacer la parallèle horizontale B'A' par la ligne de 45 degrés K' dirigée au point de distance.

PARALLÈLES VERTICALES.

Figure 5. — *Les parallèles verticales restent parallèles en perspective.*

EXEMPLE.

Le point N étant donné en plan à 0^m,08 sur le côté gauche du tableau, le chercher en perspective par une perpendiculaire MN allant au point de vue, et une ligne de 45 degrés AN se dirigeant au point de distance; leur intersection donnera le point N'.

Si l'on répète la même opération au sommet du tableau, on aura le point O; enfin, si par ces deux points trouvés N', O, on fait passer une droite, elle sera parallèle au côté vertical du tableau. *Donc les parallèles verticales restent parallèles en perspective.*

Terminer cette leçon par les questions suivantes, auxquelles les élèves devront répondre rapidement et d'ensemble par des lettres tracées au crayon blanc sur les planchettes.

1re *Question* : Où se dirigent en perspective les lignes perpendiculaires au tableau?

Réponse V : Au point de vue.

2ᵉ Question : Où se dirigent les lignes de 45 degrés ?

Réponse D : Au point de distance.

3ᵉ Question : Où se dirigent les lignes formant un angle aigu ou obtus ?

Réponse A : A des points accidentels.

4ᵉ Question : Les parallèles au plan du tableau restent-elles parallèles en perspective ?

Réponse O : Oui.

5ᵉ Question : Les parallèles formant un angle quelconque avec le plan du tableau restent-elles parallèles en perspective ?

Réponse N : Non.

6ᵉ Question : Les lignes verticales restent-elles parallèles en perspective ?

Réponse O : Oui.

CHAPITRE XX.

PLANCHE XI.

—

DÉVELOPPEMENT DES SURFACES.

Le développement des surfaces horizontales varie suivant la hauteur de l'horizon ; le développement des surfaces verticales, selon la position du point de vue ; enfin, les surfaces horizontales et verticales varient encore suivant que la distance est plus ou moins grande.

SURFACES HORIZONTALES.

PREMIÈRE OPÉRATION.

Faire tracer un tableau de 0ᵐ,20 de hauteur sur 0ᵐ,20 de largeur ; placer la ligne d'horizon au milieu de la hauteur, le point de vue au centre, et le point de distance sur la droite, à 0ᵐ,20.

Figure 1ʳᵉ. — Mettre en perspective deux surfaces de dimensions égales et à égale distance de la ligne d'horizon : ces surfaces sont des carrés parfaits de 0ᵐ,20 de côté touchant la base et le sommet du tableau.

Employer, pour la mise en perspective de chaque surface, deux perpendiculaires AV, BV et CV, DV, se dirigeant au point de vue ; une ligne de 45 degrés AD et CD au point de distance ; enfin, une parallèle à la base du tableau E et K.

L'opération terminée, on trouvera que les deux développements sont égaux. Donc, en regardant un modèle, lorsqu'on verra deux surfaces de même dimension se développer également, il en faudra conclure que la ligne d'horizon est également distante de ces deux surfaces.

DEUXIÈME OPÉRATION.

Figure 2. — Conserver le tableau et relever la ligne d'horizon aux trois quarts de la hauteur ; le point de vue placé au centre et la distance à 0^m,20.

Mettant en perspective les deux carrés, comme à la figure 1re, on trouvera que le développement des surfaces est dans le rapport de 1 à 3, c'est-à-dire que la surface développée à la base est trois fois plus grande que celle développée au sommet ; ou bien encore que la surface développée au sommet entre trois fois dans celle développée à la base, ce qui établit un rapport parfait avec la division opérée pour le placement de la ligne d'horizon, tracée aux trois quarts de la hauteur du tableau.

SURFACES VERTICALES.

PREMIÈRE OPÉRATION.

Conserver le tableau et la ligne d'horizon à 0^m,07 du sommet, le point de vue au centre, et donner 0^m,25 de distance.

Figure 3. — Faire mettre en perspective deux surfaces verticales par quatre perpendiculaires AV, BV, CV, DV, se dirigeant au point de vue ; une ligne de 45 degrés AD au point de distance ; enfin, deux parallèles verticales EK, MN : on trouvera que les deux surfaces verticales ACEK, BDMN se développent également.

DEUXIÈME OPÉRATION.

Figure 4. — Conserver le tableau, baisser la ligne d'horizon ; diviser la largeur du tableau en quatre parties égales et placer le point de vue sur la première division à droite, la distance étant de 0^m,25.

Mettant en perspective deux surfaces verticales par les moyens

employés à la figure 3, on trouvera que les surfaces se sont développées dans le rapport direct de la position du point de vue,
relativement à la largeur du tableau, c'est-à-dire comme un est
à trois.

En conclure que les surfaces verticales se comportent, relativement au point de vue, comme les surfaces horizontales avec la
ligne d'horizon.

DÉVELOPPEMENT DES SURFACES SUIVANT LA POSITION
DU POINT DE DISTANCE.

Figure 5. — Conserver le tableau, élever la ligne d'horizon à
0^m,07 du sommet ; placer le point de vue à 0^m,05 du côté gauche,
et donner 0^m,20 à la distance.

Mettre en perspective une surface horizontale et une surface
verticale par trois perpendiculaires KV, MV, OV ; une ligne de 45
degrés KD, menée au premier point de distance D ; une parallèle
horizontale BA ; enfin, une parallèle verticale BC.

Si l'on place un autre point de distance D' à 0^m,30, et que l'on
opère de nouveau, on trouvera que la distance étant plus grande,
les deux surfaces KMGD, MGHO sont moins développées que les
précédentes KABM, MBCO.

Enfin, si l'on adoptait une distance moindre que celles employées
pour les deux opérations qui précèdent, le développement des
surfaces serait encore plus grand. D'où il résulte que l'éloignement
plus ou moins grand du point de distance fait également varier
le développement des surfaces.

En résumé :

Les surfaces horizontales se développent suivant la position de
la ligne d'horizon ; donc, on peut trouver la hauteur de cette ligne
en comparant le développement des surfaces horizontales.

Les surfaces verticales se développant suivant la position du
point de vue, il en résulte que le point de vue peut être trouvé
par la comparaison du développement des surfaces verticales.

Le développement des surfaces peut donc varier soit par le
mouvement de la ligne d'horizon, soit par la position du point de
vue, soit même par le rapprochement du point de distance.

Figure 6. — *Poser aux élèves les questions suivantes :*

1° Deux surfaces horizontales se développant à l'œil comme 1 est à 4, à quelle hauteur se placera la ligne d'horizon?

Réponse : Au 1/5.

2° Deux surfaces verticales se développant dans le rapport de 1 à 2, où se placera le point de vue?

Réponse : Au 1/3.

Ces questions devront se renouveler en changeant les proportions, de manière à bien faire comprendre aux élèves le moyen de placer la hauteur de la ligne d'horizon, lorsqu'ils entreprennent un dessin d'ensemble. En outre, on leur fera remarquer :

1° Que le point de vue étant déterminé par la perpendiculaire partant de l'œil du spectateur et arrivant au modèle, il en résulte que, pour le dessin de l'atelier, le point de vue est toujours au centre du modèle (1);

2° Que presque constamment les lignes formant un angle avec le tableau se dirigent à des points accidentels, et très-rarement au point de distance, car, pour cela, il faudrait voir son modèle sur l'angle; ce qu'on évite avec soin, dans le but d'échapper à la monotonie qui résulterait des pentes uniformes et des développements égaux dans les surfaces.

Nota. — Voir la planche 16, *fig.* 1 et 2, pour l'application d'après nature du développement des plans horizontaux comparé à la hauteur de l'œil du spectateur.

La figure 3 de la même planche en donne l'explication perspective et géométrale, en même temps qu'elle indique ce que produit une opération vicieuse quoique exacte, comparée à une opération faite dans de bonnes conditions.

CHAPITRE XXI.

PLANCHE XII.

DU POINT DE DISTANCE RAPPORTÉ SUR LE COTE DU TABLEAU.

Nota. — Résumer le vingtième chapitre en insistant sur la nécessité d'appliquer le principe du développement des surfaces, à trouver la hauteur

---

(1). En effet, l'angle optique (*fig.* 7, pl. 11) partant de l'œil du spectateur en C, embrasse l'objet à dessiner, soit AB, de telle sorte que la perpendiculaire CD divise cet angle en deux parties égales, et détermine la place du point de vue au centre du modèle.

de la ligne d'horizon en commençant un dessin, soit pour y diriger les lignes, soit surtout pour mettre en parfait rapport entre eux les développements des différents plans du modèle à dessiner.

Mettre un carré en perspective en rapportant le point de distance sur le côté du tableau.

Figure 1ᵉ. — Faire tracer un tableau de 0ᵐ,20 de côté; placer la ligne d'horizon à 0ᵐ,08 du sommet; le point de vue à 0ᵐ,06 à gauche, la distance étant de 0ᵐ,28.

Faire mettre en perspective, par le point de distance réel D, un carré dont le côté est égal à la base du tableau, soit 0ᵐ,20.

Faire rapporter le point de distance sur le côté du tableau en Dᵗ. Divisant alors la base de ce tableau (*ou le côté du carré mis en perspective*) en deux parties égales ou proportionnelles au rapprochement du point de distance, on dirigera, du point B au nouveau point D', une ligne qui, passant par le point A déjà trouvé, donnera le même résultat que celui obtenu par le véritable point de distance.

Figure 2. — Répéter cette opération en plaçant le point de vue à 0ᵐ,08 sur la droite, et la distance réelle à 0ᵐ,24.

Opérer premièrement par la distance réelle, soit en D; puis, rapportant le point sur le côté droit du tableau en D' ou au tiers, diviser la base CK en trois parties égales; pour, du point B ou du 1/3 opérer avec le nouveau point D' ; on obtiendra la même intersection A, donnant la profondeur du carré en perspective.

Il résulte de ces deux exemples que le côté de la figure à mettre en perspective, en contact direct avec la base du tableau, doit être divisé en autant de parties égales ou proportionnelles que le rapprochement du point de distance a déterminé de divisions égales ou proportionnelles sur la ligne d'horizon.

Cette démonstration est basée sur la théorie des triangles semblables (*figure* 6). En effet, le triangle AMC est à celui KGC comme le triangle ABC est à celui DGC.

DIVISIONS PROPORTIONNELLES.

Faire tracer un tableau de 0ᵐ,20, la ligne d'horizon à 0ᵐ,08 au-dessus de la base, le point de vue au centre, la distance réelle étant de 0ᵐ,20, et le point de distance rapporté sur le côté gauche du tableau en D'.

Figure 3. — Soit à mettre en perspective le carré ABDC, et à diviser perspectivement le côté BD en quatre parties égales.

Le point de distance ayant été rapporté sur le côté du tableau, mettre en perspective le carré par deux perpendiculaires AV, BV, une parallèle horizontale CD et une ligne de 45 degrés partant du milieu de la base du tableau, soit de G en D'.

Si, opérant par inversion, l'on trace la diagonale BC du carré mis en perspective, et qu'on la prolonge jusqu'à sa rencontre avec la ligne d'horizon, elle donnera le point de distance réel D à 0^m,20 du point de vue.

Le carré perspectif ABDC étant trouvé, diviser en quatre parties égales la base du tableau, soit E,G,K ; si, de ces points, l'on dirige trois perpendiculaires au point de vue, elles couperont la diagonale BC en trois nouveaux points M,N,O.

C'est par ces intersections que, faisant passer trois parallèles à la base du tableau, on obtiendra sur la perpendiculaire BD la division cherchée E',G',K'.

Ainsi, par l'emploi de la diagonale BC, on aura divisé perspectivement la ligne BD en rapport parfait avec la division établie sur le côté géométral AB du carré mis en perspective, c'est-à-dire en quatre parties perspectivement égales.

Si, pour compléter cette figure 3, l'on élève des verticales sur K'G' et E', on aura divisé le carré vertical comme le carré horizontal.

Nous utiliserons plus loin ce mode de division, pour nous dispenser d'employer le point de distance.

Cette démonstration est basée sur la figure géométrale 3 *bis*.

Mettre en perspective une suite de carrés de même dimension, pour établir un dallage régulier.

« Tracer un tableau de 0^m,20 de côté, la ligne d'horizon à 0^m,08 en contre-bas du sommet ; le point de vue à 0^m,05 du côté gauche, la distance étant de 0^m,30, et le point de distance rapporté sur le côté du tableau. »

Figure 4. — Diriger au point de vue les quatre perpendiculaires BEKL divisant régulièrement le dallage en trois parties égales.

Le point de distance étant rapproché de moitié, diviser en

deux le côté KL du premier carré parallèle à la base ; puis, traçant la ligne AD', son intersection, avec la perpendiculaire LV, donnera la profondeur du premier carré. (*On obtiendrait le même résultat en opérant avec le véritable point de distance.*) Si, du même point A, l'on dirige une perpendiculaire au point de vue, elle coupera en deux parties égales le côté CO du carré trouvé. Enfin, du nouveau point milieu G, si l'on mène la ligne GD', on aura trouvé la profondeur P du deuxième carré.

Il suffira, pour obtenir les autres carrés, de mener les parallèles horizontales PN, OM.

On pourrait, en continuant l'opération, tracer dans la profondeur du tableau un nombre quelconque de carreaux réguliers.

Mettre en perspective un carrelage ou dallage vu sur l'angle.

Figure 5. — Établir à la base du tableau quatre divisions, donnant chacune la diagonale d'un carré. (*Le tableau a* $0^m,20$ *de largeur, le point de vue au centre, et la distance réelle de* $0^m,20.$)

Par les points A, B, C, D, E, mener des perpendiculaires au point de vue; si l'on divise l'une des diagonales, soit DE, en deux parties égales, et que l'on dirige une ligne au point de distance rapproché de moitié, soit en D, on aura l'intersection H; traçant alors la parallèle à la base GH, elle donnera les diagonales horizontales; quant aux diagonales perpendiculaires BL, CM, DN, elles sont données par les lignes se dirigeant au point de vue.

En répétant le tracé de la ligne au point de distance et de la parallèle horizontale autant de fois qu'il y aura de carrés à placer dans la profondeur du tableau (ayant soin de ponctuer toutes ces lignes), on pourra compléter la figure en faisant passer des lignes pleines et droites par les angles de ces carrés trouvés en perspective, soit, par exemple, EN, DM, CL, BG, puis AL, BM, CN, DH.

CHAPITRE XXII.

—

DÉVELOPPEMENT DES CERCLES.

1° Mettre en perspective un cercle inscrit dans un carré placé sur un plan horizontal ; 2° tracer un deuxième cercle sur un plan vertical.

PLANCHE XIII.

Figure 1ʳᵉ — Le tableau ayant 0ᵐ,20 de côté, le point de vue placé au centre, et la distance étant de 0ᵐ,40, dessiner en contact avec la base du tableau une demi-circonférence géométrale inscrite dans la moitié d'un carré ; ajouter les deux diagonales, ainsi que la perpendiculaire passant par le centre du cercle ; enfin, les deux perpendiculaires BN, CO, partant des intersections B et C.

La distance étant rapprochée des 3/4, diviser la base du tableau (*ou le côté du carré perspectif dans lequel la circonférence doit être inscrite*) en quatre parties égales, et de la troisième division A diriger une ligne au point de distance : son intersection, avec la perpendiculaire de droite QE, donnera la profondeur du carré ; compléter alors le tracé par la deuxième perpendiculaire de gauche MG, et la parallèle à la base du tableau FG.

Si, dans ce carré trouvé en perspective, on ajoute les deux diagonales, et que, par son centre, on fasse passer les deux diamètres, l'un parallèle à la base du tableau, et l'autre perpendiculaire ; enfin, si l'on complète l'opération en dirigeant au point de vue les deux perpendiculaires BN, CO, passant en plan par les intersections des diagonales avec le cercle géométral, on aura trouvé en perspective les huit points 1,2,3,4,5,6,7,8, par où doit passer le cercle : soit quatre points sur les côtés du carré, et quatre points sur les diagonales.

Pour trouver le cercle sur le plan vertical de gauche, il faut mener au point de vue la perpendiculaire au sommet SV, puis élever une verticale au point G : on aura alors le carré perspectif dans lequel doit être inscrit le cercle vertical.

Si l'on trace les deux diagonales de ce nouveau carré, et que, du point de centre donné par leur intersection, l'on fasse passer le diamètre vertical 3P, et celui horizontal XV, on aura déterminé les quatre points de tangence sur les côtés du carré.

Enfin, rapportant sur le côté vertical du tableau KM égal à MN en plan, et dirigeant de la base K, et du sommet L, les perpendiculaires KV et LV au point de vue, on aura déterminé quatre intersections sur les diagonales qui compléteront les huit points par lesquels doit passer le cercle vertical cherché en perspective.

METTRE EN PERSPECTIVE UN PASSAGE VOUTÉ.

Figure 2. — Faire tracer un tableau de 0^m,24 de largeur sur 0^m,44 de hauteur, le sommet étant terminé par une demi-circonférence; la ligne d'horizon placée à 0^m,10 au-dessus de la base du tableau; enfin, le point de vue à 0^m,10 sur la gauche.

La distance étant inconnue, la profondeur du passage ne pouvant être mesurée, la surface de droite BCDM paraissant avoir cinq centimètres de développement, il est demandé de compléter la mise en perspective de ce passage.

EXEMPLE.

Si l'on dirige au point de vue les perpendiculaires AV, BV, LV, MV, les deux lignes BM couperont la verticale CD en C et D, et détermineront à l'extrémité du passage une hauteur proportionnelle à celle donnée sur le premier plan, soit BM.

Traçant alors les deux parallèles CE, DG, et du point de centre H, qui a servi à donner le sommet du tableau, dirigeant une perpendiculaire au point de vue, elle coupera la parallèle GD en K : si, d'un rayon égal KD, l'on décrit une demi-circonférence partant du point D, elle arrivera au point G, déjà trouvé, par la rencontre de la perpendiculaire LG avec la parallèle DG; enfin, si de ce point G l'on abaisse une verticale, elle devra rencontrer le point E, donné à la base par l'intersection de la perpendiculaire AE avec la parallèle CE.

Cette figure a pour but de démontrer comment on peut trouver en perspective, sans le secours d'un plan, et sans le relevé d'aucune mesure (*à l'exception, cependant, de la forme du premier plan, considéré comme cadre ou tableau*), la profondeur ainsi que le développement proportionnel des différentes surfaces horizontales et verticales d'un passage ou d'une galerie quelconque.

Figure 3. — *Mettre en perspective le même passage voûté ayant latéralement trois pilastres de 0^m,01 de saillie : le rapport entre les pilastres et les intervalles étant comme 2 est à 8; enfin, le* *développement déterminé par la profondeur apparente de la galerie sur le côté gauche du tableau de 0ᵐ,05.*

EXEMPLE.

La ligne d'horizon et le point de vue étant tracés, mener au point de vue les quatre perpendiculaires A,B,C,D; plus, la cinquième partant du centre E.

Etablir, sur le côté du tableau, et dans la fraction comprise entre la ligne d'horizon et la naissance de l'arc, une division donnant le rapport exact qui existe entre les pilastres et les intervalles de ce passage, soit comme 2 est à 8. (*La cote de 0ᵐ,22 a été admise pour faciliter l'opération, le décimètre donnant sans calcul la division demandée.*)

Si l'on mène la diagonale GH, et que, des divisions placées sur le côté du tableau, on dirige les six perpendiculaires au point de vue, on aura déterminé sur cette diagonale les quatre intersections par lesquelles doivent passer les verticales, donnant la face apparente des trois pilastres, soit GM, NO, PH.

Si, des points de rencontre de ces verticales avec la perpendiculaire au sommet, soit CH, on mène des parallèles horizontales, elles couperont la perpendiculaire EV partant du centre E, en cinq points, ou centres des cinq demi-circonférences, formant les arcs doubleaux couronnant les trois piliers : la rencontre de ces cinq demi-circonférences avec la perpendiculaire DK donnera la division apparente des piliers sur la droite du tableau.

Il conviendra de vérifier l'exactitude de cette division, en prolongeant, jusqu'à la perpendiculaire DV, les parallèles horizontales passant par le centre de chaque cercle : les intersections données par ces horizontales devant être les mêmes que celles obtenues par la rencontre des demi-circonférences avec la même perpendiculaire DV.

Pour déterminer le renfoncement ou épaisseur des pilastres, il suffit de mener au point de vue les deux lignes partant de R et de S, ainsi que les deux parallèles horizontales passant à la base des pilastres par les points VT et XU, prolongées sur la droite du tableau.

Elevant alors, sur le côté gauche, les deux verticales V et X jusqu'aux deux diamètres 4 et 5, mener deux cercles concentriques à ceux déjà tracés; ces cercles se rencontreront, sur la droite, avec les deux verticales élevées de la base, et détermineront l'épaisseur des pilastres sur cette deuxième face de la galerie.

La figure 4 donne le croquis du plan de la galerie, dont on ne connaît que le rapport entre les piliers et les intervalles, la mensuration étant supposée impossible.

PLANCHE XIV.

METTRE EN PERSPECTIVE UNE VOUTE D'ARÈTE.

Tracez un tableau de 0^m,24 de largeur sur 0^m,40 de hauteur, le sommet terminé par une demi-circonférence inscrite dans la moitié d'un carré EGLK; la ligne d'horizon placée à dix centimètres au-dessus de la base; le point de vue à 0^m,10 du côté droit; enfin, la distance réelle étant de 0^m,56, et le point de distance, rapporté sur le côté gauche du tableau en D, soit des 3/4.

Mettez en perspective le carré à la base A.B.C.D, par les moyens qui ont été indiqués.

Elevez des verticales aux angles B et C jusqu'à la rencontre des deux perpendiculaires menées au point de vue, et partant des angles E et G du carré circonscrivant la demi-circonférence couronnant ce tableau. Si, des points K, L, pris à la naissance de cette demi-circonférence géométrale, on dirige deux lignes au point de vue, elles couperont les deux verticales BM, CO en N et P, et détermineront perspectivement les parallélogrammes verticaux sur les côtés, soit : KEMN, sur la gauche, et POGL, sur la droite. La parallèle horizontale MO complétera la construction, et donnera le carré MNOP circonscrivant la demi-circonférence géométrale du second plan, ainsi que le carré horizontal au sommet, soit EGOM.

Déterminez le milieu perspectif des surfaces latérales par deux parallèles horizontales passant aux intersections S et T données par les diagonales des carrés ABCD à la base, et EGOM au sommet.

Si, des points U,U, trouvés à la base et sur les côtés latéraux, vous élevez deux verticales, elles devront arriver au sommet aux points V,V, obtenus par la parallèle horizontale passant par le centre du carré EGOM, et donner sur les diamètres fuyants KN, LP les centres X,X, des deux demi-circonférences latérales à mettre en perspective.

Tracez alors deux demi-diagonales XE, XM sur la gauche, et celles XO, XG sur la droite.

Si, de l'intersection Q obtenue par la rencontre du cercle géométral, décrit au sommet du cadre, avec ses diagonales ER, GR, vous tracez les parallèles YQ, vous aurez déterminé sur les deux côtés du tableau les points Y, Y.

Enfin, si, de ces deux points Y, vous menez deux perpendiculaires au point de vue, vous obtiendrez les intersections 2 et 3 sur les diagonales XE, XM et XO, XG, tracées au sommet des plans verticaux mis en perspective sur les côtés latéraux ; vous aurez alors, pour dessiner la demi-circonférence, en perspective, sur le côté gauche, les cinq points K, 2, V, 3, N, et, sur la droite, P, 3, V, 2, L.

Il ne restera donc plus, pour obtenir le complément de l'opération, qu'à décrire les deux courbes diagonales déterminant la pénétration des deux voûtes.

Si, des deux points d'intersection Q, Q, vous menez deux perpendiculaires au point de vue ; si, des quatre intersections 2, 2 et 3, 3, données par la rencontre des diagonales avec les demi-circonférences déjà trouvées sur les côtés latéraux, vous tracez deux parallèles horizontales, 2, 2 et 3, 3, elles couperont chaque perpendiculaire partant des points Q, Q en deux nouveaux points 4 et 5. On aura donc, pour mener la diagonale partant du premier plan sur la gauche, les points K, 4, T, 5, P, et pour celle sur la droite, ceux L, 4, T, 5, N.

En résumé :

1° Tracer le tableau surmonté d'une demi-circonférence inscrite dans un parallélogramme ponctué, en y comprenant les deux demi-diagonales ;

2° Mettre en perspective les deux carrés horizontaux à la base et au sommet, en admettant le point de distance rapporté sur le côté du tableau ;

3° Élever les deux verticales donnant en perspective les deux parallélogrammes verticaux sur les côtés ;

4° Tracer les deux perpendiculaires à la naissance des arcs ; puis, du point du centre R, diriger une ligne au point de vue donnant, par sa rencontre avec la parallèle horizontale NP, le centre de la demi-circonférence géométrale sur le deuxième plan ;

5° Chercher le centre des carrés horizontaux par leurs diago-

nales, et les utiliser pour déterminer le milieu des parallélogrammes verticaux sur les côtés;

6° Dessiner les demi-diagonales au sommet de ces parallélogrammes verticaux;

7° Rapporter sur les côtés du tableau en Y les points d'intersection Q, et, de ces quatre points, diriger des lignes au point
de vue;

Les lignes Y, V donneront les intersections 2 et 3 sur les demi-
diagonales, et serviront à tracer en perspective les demi-circonférences latérales.

8° Des points 2 et 3, trouvés sur les côtés et ayant servi à tracer
les demi-cercles, mener deux parallèles horizontales coupant en
4 et 5 les deux perpendiculaires partant des points d'intersection
Q, Q;

9° Enfin, par les points K, 4, T, 5, P et ceux L, 4, T, 5, N, faire
passer les deux courbes diagonales donnant en perspective la
pénétration des voûtes.

CHAPITRE XXIII.

PLANCHE XV.

*Trouver en perspective, à une profondeur donnée, la hauteur d'un corps
dont la dimension est connue.*

Figure 1re. — Tracez un tableau de 0^m,18 de hauteur sur 0^m,18
de largeur, la ligne d'horizon placée à 0^m,05 au-dessous du sommet de ce tableau, le point de vue à 0^m,06 du côté droit, la distance réelle étant de 0^m,24, et le point de distance rapporté sur
le côté gauche du tableau.

Placez sur le côté du tableau en AB la hauteur du corps à mettre
en perspective, soit MN, et dirigez au point de vue les deux perpendiculaires AV, BV : il restera à déterminer en perspective la
place et la hauteur du corps A'B' placé à 0^m,18 de profondeur
dans le tableau.

EXEMPLE.

Le rapprochement du point de distance étant moitié de la distance réelle, diviser la base du tableau, qui a 0^m,18, en deux par-

ties égales; ensuite, mener la ligne CD pour obtenir l'intersection B' : à ce point, si l'on élève une verticale jusqu'à la rencontre de la seconde perpendiculaire AV allant au point de vue, on aura la hauteur cherchée, soit A'B'.

Pour trouver la hauteur d'une ligne de même dimension, placée à la même profondeur que la précédente dans le tableau, mais à 0^m,06 d'écartement sur la droite, on marquera sur la base du tableau le point H; puis, traçant la perpendiculaire HV, et du point B' menant une parallèle à la base du tableau, on obtiendra l'intersection H'. Si, à ce point, on élève une verticale, la hauteur de la ligne cherchée sera déterminée par sa rencontre avec la parallèle horizontale menée du point A', et donnera la ligne verticale H'D' égale à celle B'A' déjà trouvée à la même profondeur.

Nota. — Ces opérations sont basées sur la proposition géométrique des lignes comprises entre parallèles *(fig. 4)*.

Mettre en perspective une allée d'arbres composée de deux rangs, chaque rang contenant douze arbres ayant chacun 0^m,12 de hauteur.

Figure 2. — On suppose que le spectateur, placé en face de cette allée, n'en connait pas la profondeur, et voit le rang d'arbres sur la gauche se développer de 0^m,07.

EXEMPLE.

Mener au point de vue les quatre perpendiculaires A, B, C, D; diviser la hauteur du premier arbre rapporté sur la gauche du tableau en douze parties égales.

Tracer la diagonale AE; puis, des douze divisions marquées sur le côté du tableau, diriger des perpendiculaires donnant douze intersections sur cette diagonale. Si l'on fait passer des verticales par ces douze intersections, on aura l'axe et la hauteur proportionnelle de chacun des arbres mis en perspective.

Si, par les intersections des douze verticales avec la perpendiculaire AH à la base, on mène des parallèles horizontales jusqu'à la perpendiculaire BK, sur la droite du tableau, on aura déterminé la position de tous les arbres placés sur ce côté du tableau. Il suffira, pour en indiquer les axes, d'élever des verticales sur les intersections obtenues.

Voulant dessiner une figure au milieu de l'allée, à la profondeur du dernier arbre, la hauteur de cette figure ou personnage étant à l'échelle du dessin de 0ᵐ,02, il faudra élever sur la base du tableau au point M une verticale MN ayant 0ᵐ,02 de hauteur; puis, de ces deux points MN, tracer deux perpendiculaires MV, NV; la verticale élevée au point O, comprise entre ces deux parallèles allant au point de vue, donnera la hauteur cherchée, soit OR.

On obtiendrait le même résultat, si, d'un point quelconque des divisions établies sur les côtés du tableau, on menait une parallèle horizontale jusqu'à la perpendiculaire MV, et qu'à ce point on élevât une verticale jusqu'à la rencontre de la deuxième perpendiculaire NV.

Il est facile de comprendre qu'on agirait de même pour obtenir une hauteur donnée sur un point quelconque de la surface AHKB.

Ainsi, en admettant qu'on veuille trouver en S la hauteur d'un corps placé à ce point perspectif, et ayant 0ᵐ,04 de dimension réelle, il faudrait, agissant par inversion de l'opération précédente, 1° ramener une perpendiculaire partant du point de vue et passant par le point S jusqu'à la rencontre de la base du tableau en S'; 2° à ce point S', élever une verticale de 0ᵐ,04 de hauteur; 3° enfin, du sommet de cette verticale en U, diriger une perpendiculaire au point de vue qui couperait la deuxième verticale élevée au point S en perspective, et déterminerait la hauteur cherchée.

Mettre en perspective deux piliers à plan carré de 0ᵐ,04 de côté, 0ᵐ,22 de hauteur, couronnés par un tailloir ayant un centimètre et demi de saillie et autant de hauteur, l'écartement entre chaque pilier étant de 0ᵐ,24.

Figure 3. — Tracez un tableau de 0ᵐ,28 de hauteur sur 0ᵐ,20 de largeur; la ligne d'horizon placée à 0ᵐ,10 au-dessus de la base, le point de vue à 0ᵐ,05 du côté gauche, la distance réelle étant de 0ᵐ,30, et le point de distance placé sur le côté droit du tableau.

EXEMPLE.

Menez au point de vue les deux perpendiculaires A' et B'; la distance étant rapprochée de moitié, diviser la largeur du pilier en deux parties égales par la lettre C'.

En dirigeant du point C' une ligne au point de distance, on aura l'intersection E, par laquelle on fera passer la parallèle horizontale EG, complétant le plan du premier pilier.

Le plan de ce pilier étant trouvé, continuer la même opération sept fois pour obtenir le deuxième pilier. Pareil résultat serait obtenu si l'on portait sur la base du tableau, à la suite du premier pilier, une longueur de $0^m,14$, donnant la moitié de la profondeur réelle du deuxième pilier cherché (*soit $0^m,24$ d'intervalle entre les deux piliers, et $0^m,04$ de pilier $= 0^m,28$, dont la moitié est 14*).

Elevant la verticale A'L en lui donnant la hauteur fixée, soit $0^m,22$, la parallèle LM complétera la face géométrale A'LMB' de ce premier pilier.

On obtiendra la hauteur du deuxième pilier en perspective par la rencontre de la perpendiculaire LV avec les verticales tracées sur les angles H et K du plan de ce nouveau pilier; il en sera de même de la face latérale du premier pilier en élevant une verticale au point G.

Si, des points P, O du deuxième pilier et N du premier pilier, on trace trois parallèles horizontales, leur rencontre avec les verticales élevées sur les autres angles des carrés trouvés à la base complétera perspectivement la section ou plan supérieur de chaque pilier.

Si, dans ces deux nouvelles sections, on mène les diagonales en les prolongeant à l'extérieur des carrés; si, de l'angle R du profil géométral du tailloir sur le premier plan, on dirige une perpendiculaire au point de vue, elle coupera les diagonales dont il vient d'être parlé en quatre points, soit 1, 2 pour le premier pilier, et 3, 4 pour le second.

Si, de ces quatre points 1, 2, 3, 4, on élève quatre verticales jusqu'à la rencontre de la perpendiculaire menée au point de vue et partant de l'angle S, pris au sommet du profil géométral du tailloir tracé sur le premier plan, on aura les faces fuyantes des deux tailloirs.

Si, des mêmes angles inférieurs des deux tailloirs déjà trouvés, soit 1, 2, 3, 4, on dirige des parallèles horizontales jusqu'à l'extrémité opposée des mêmes diagonales, on aura déterminé en perspective les saillies proportionnelles ou angles du tailloir, sur la face, à droite de chaque pilier.

Enfin, si de ces nouveaux points on élève des verticales, leur rencontre avec les parallèles horizontales au sommet complétera le tracé des angles de cette figure ou tailloir, en même temps que la perpendiculaire dirigée au point de vue donnera la face fuyante sur la droite de ce tailloir.

*Mettre en perspective un escalier composé de six marches (sept hauteurs) et
d'un palier ; enfin, de trois autres marches placées en retour sur la droite
et sur la gauche du même palier.*

Figure 5. — Tracez un tableau de $0^m,28$ hauteur sur $0^m,20$, la
ligne d'horizon placée à $0^m,10$ au-dessous de la base du tableau,
le point de vue à $0^m,06$ du côté droit, la distance réelle étant de
$0^m,28$, et le point de distance rapporté sur le côté gauche du
tableau, c'est-à-dire rapproché de moitié.

Portez sur le même côté du tableau la hauteur des sept marches ;
puis, de chaque division, de 1 à 7, dirigez une ligne au point
de vue.

Sur la base de ce tableau (*la distance étant rapprochée de moitié*), tracez la *moitié* de la largeur des six foulées de marche, et
des points 2, 3, 4, 5, 6 et 7 dirigez des lignes au point de distance
jusqu'à la rencontre de la première perpendiculaire KV. Sur les
six intersections trouvées, si l'on élève des verticales jusqu'à la
rencontre des marches correspondantes, on aura déterminé, en
perspective, la hauteur et la profondeur proportionnelles de chacune d'elles.

Enfin, si vous rapportez sur le côté droit du tableau la première et
la septième hauteur géométrale des marches, et que du point 7 vous
dirigiez une ligne au point de vue, sa rencontre avec la parallèle
AB donnera, par le tracé de la ligne 1 et B, l'inclinaison du perron
sur ce côté du tableau ; il ne restera plus, pour achever la mise
en perspective des sept marches, qu'à tracer toutes les parallèles
horizontales donnant la face et la foulée de chacune d'elles, enfin
les fractions de perpendiculaires allant au point de vue et partant
du sommet des marches, ainsi que les verticales abaissées des
mêmes sommets, terminant ensemble la silhouette du perron sur
ce côté droit du tableau.

La profondeur des jambages C, D et E sera déterminée de la
même manière, en portant à la suite des marches, sur la base
du tableau, la moitié des grandeurs réelles, et menant, des points
12, 22 et 25, des lignes au point de distance : leur rencontre
avec la perpendiculaire KV donnera les profondeurs cherchées en
perspective.

De ces nouveaux points 12', 22', 25', on élèvera des verticales
jusqu'à la perpendiculaire MV tracée au sommet du tableau. Enfin,
les parallèles horizontales menées des points C', D', E', rencon

trant la perpendiculaire NV, donneront trois nouvelles intersections O, P, X, d'où l'on abaissera les verticales formant les jambages cherchés sur la droite de ce tableau.

Pour mettre en perspective les trois marches latérales sur les retours du palier, il faudra porter sur le côté du tableau et au-dessus des sept premières divisions, les hauteurs 8, 9, 10; ajouter ensuite à chaque hauteur la largeur ou foulée géométrale de la marche; puis, des points saillants et rentrants de chacune des deux marches, diriger des lignes au point de vue : la rencontre ou intersection de ces lignes avec les parallèles horizontales partant du jambage DD' (*aux points obtenus par les perpendiculaires* 8, 9, 10) donnera les saillies ou foulées; quant aux faces, elles seront déterminées par les verticales abaissées des mêmes intersections. La hauteur perspective de ces deux marches sur le jambage DD' peut être donnée soit par les perpendiculaires partant des points 8, 9, 10 sur le premier plan, soit en utilisant les divisions déjà trouvées sur le même jambage de D à 22'.

Les marches sur la droite se trouveront par les mêmes moyens. On peut encore les obtenir par les parallèles horizontales partant du tracé perspectif déjà fait, en donnant aux foulées de droite une dimension égale à celles trouvées sur la gauche : des lignes partant du point de vue et passant par les angles saillants et rentrants de chaque marche compléteraient ces deux tracés.

Le plan (*figure* 6) a été gravé sur une échelle moitié grandeur de celle utilisée pour le dessin d'élévation, afin de mettre ce plan en rapport avec les divisions établies à la base du tableau, et mieux faire comprendre l'opération exigée par le rapprochement du point de distance qui, dans cette figure, est moitié de la distance réelle.

CHAPITRE XXIII *bis*.

—

PLANCHES XVI, XXXVI ET XXXVII-XXXVIII.

Les figures 1 *et* 2, planche 16, montrent l'application : 1° du développement des surfaces variant suivant la hauteur de la ligne d'horizon; 2° de la hauteur proportionnelle des personnages suivant leur profondeur dans ce tableau.

Dans la figure 1re, le spectateur étant sur le sol même, la ligne d'horizon passe par l'œil de tous les personnages que l'on voit dans la profondeur du tableau.

Dans la 2e figure, au contraire, le spectateur s'étant élevé, la ligne d'horizon a dû s'élever avec lui et donner au sol un développement beaucoup plus considérable.

Dans ces deux figures 1 et 2, la hauteur des personnages est la même, parce que la position de chacun d'eux a été conservée, d'où il résulte que cette hauteur n'a pu varier.

La figure 3 est une opération perspective démontrant la différence obtenue dans le développement des surfaces, par le plus ou moins de rapprochement du spectateur, c'est-à-dire suivant la position du point de distance.

Déjà nous avons dit, en nous occupant de la perspective pratique, qu'en se servant des lignes proportionnelles on pouvait se dispenser d'utiliser les lignes de 45 degrés. Nous avons ajouté, au commencement du chapitre IV, que notre but était de donner le moyen de tracer une vue perspective sans le secours des projections, en supposant le dessinateur placé en face de la nature, ou même retiré dans son cabinet, mais, dans ce dernier cas, connaissant la disposition des lieux dont il doit reproduire l'aspect. Nous allons démontrer l'exactitude de ces deux assertions.

PREMIER EXEMPLE.

Planche 16, figure 1re. — *Mettre en perspective un portique composé de trois percées perpendiculaires au spectateur, et deux autres parallèles à la base du tableau.* (V. le plan, *pl.* 36, *fig.* 5.)

Si le dessinateur est en face de la nature, il tracera les trois arcs formant l'entrée de ce portique, choisira ensuite son point de vue V, et marquera la largeur de la face fuyante la plus développée, soit BD', placée ici sur la gauche du tableau; enfin, il comparera le rapport des piliers et des intervalles à mettre en perspective (ce rapport est comme 2 est à 7, ainsi que cela existe sur la façade du portique, *fig.* 2) : alors il pourra rentrer chez lui pour achever son dessin, ainsi que nous l'expliquerons plus loin.

Si, au contraire, ce même dessinateur ne peut voir ce portique pour le reproduire, il lui suffira, pour atteindre le même résultat, de connaître les proportions de ce portique. (Voir la *planche* 16, *fig.* 1re, et la *planche* 36, *fig.* 5.)

En effet, après avoir dessiné la façade ainsi qu'il l'eût fait devant la nature, il fixera la hauteur de la ligne d'horizon et la place du point de vue; marquant ensuite le développement de l'une des faces fuyantes, soit BD, et sachant par l'inspection du plan (*pl.* 36, *fig.* 5) que les trois piliers ainsi que les deux vides à tracer perspectivement sont de même dimension que ceux déjà tracés géométralement sur la façade, soit comme 2 est à 7, le dessinateur pourra mettre de côté les éléments donnés comme programme et achever sa perspective (1).

EXEMPLE.

Figure 2. — 1° Diriger au point de vue toutes les perpendiculaires partant de la base et du sommet des piliers;

2° Rapporter sur le premier plan, soit en B 6, une division proportionnelle aux trois piliers et deux intervalles à mettre en perspective : *les piliers étant aux vides comme 2 est à 7, si l'on divise en vingt parties égales la hauteur du pilier* B 6 *sur la gauche, on donnera deux parties pour chaque pilier et sept parties pour les intervalles; total égal, vingt;*

3° Tracer la diagonale BD; puis, des divisions 2, 3, 4, 5, diriger des perpendiculaires au point de vue jusqu'à la rencontre de cette diagonale aux points 2', 3', 4' et 5'; si par ces intersections l'on fait passer des verticales, on aura déterminé la dimension perspective des trois piliers ainsi que des intervalles entre eux;

4° Faire passer des parallèles horizontales par la rencontre des deux perpendiculaires B, 6 avec les cinq verticales traversant les points 2', 3', 4', 5' et 6' sur la diagonale BD; ces parallèles auront donné au sommet et à la base des piliers le plan perspectif de chacun d'eux;

5° Mener au point de vue la perpendiculaire A pour élever jusqu'à cette ligne le prolongement des piliers en M, N, O, P; traçant alors des diagonales dans les parallélogrammes ponctués au-dessus et dans l'intervalle des piliers, on aura le milieu perspectif de ces intervalles qu'on relèvera en R;

(1) Ce dernier moyen présente, il est vrai, plus de difficultés pratiques que le premier pour le commencement de l'opération; car le dessinateur ne peut chercher (ainsi qu'il le fait devant la nature) la position la plus favorable à l'effet général du dessin : il est donc obligé d'y suppléer par le raisonnement; mais je m'empresse de dire que je préfère ce deuxième exercice, en ce qu'il habitue l'élève à surmonter une difficulté qui se présente fort souvent aux dessinateurs lorsqu'ils veulent reproduire un intérieur de monument et qu'ils ne peuvent se placer dans une position convenable.

6° Des points C, donnant le centre des arcs sur la face du portique, diriger des perpendiculaires au point de vue; leur intersection avec la parallèle horizontale D terminera les centres C' des arcs géométraux à tracer sur le dernier plan de ce portique;

7° Des points S, donnant sur le premier plan le milieu des arcs couronnant les piliers, mener des lignes au point de vue; leur rencontre avec les parallèles horizontales partant des points R, donnera en R' les intersections des courbes diagonales indiquant la pénétration des voûtes en perspective;

8° Dessiner ces courbes diagonales en utilisant pour chacune d'elles les plans trouvés au sommet des piliers, ainsi que les points R' donnant leur milieu.

NOTA. — Ces trois points sont suffisants pour un dessin fait sur une petite échelle. Nous indiquerons à la planche 37-38 le moyen de trouver des points intermédiaires facilitant le tracé de ces diagonales, lorsque la dimension du dessin l'exige.

9° Le dallage donné par le plan des piliers se trouve par les perpendiculaires se dirigeant au point de vue, et par les parallèles horizontales.

DEUXIÈME EXEMPLE.

PLANCHES XXXVI ET XXXVII-XXXVIII.

Mettre en perspective une galerie voûtée longeant une cour et conduisant à un vestibule desservi par un perron.

Nous ne répéterons pas ce que nous avons expliqué à la planche précédente, nous bornant à dire que, connaissant le plan de cette galerie (*pl.* 36, *fig.* 6) ainsi que son élévation (*pl.* 37-38), nous avons :

1° Déterminé la ligne d'horizon, ainsi que la place du point de vue, puis fixé le développement perspectif de la surface verticale sur la droite;

2° Cherché la dimension perspective des piliers par une division proportionnelle 1, 2, 3, 4, 5, 6 et 7, établie sur le pilier du premier plan à droite, et par la diagonale AB : l'épaisseur du dernier pilier 7 étant obtenue par le prolongement de cette diagonale, ainsi qu'en ajoutant une épaisseur de pilier aux sept divisions comprises entre le socle et le dessous du chapiteau;

3° Tracé par les parallèles horizontales la position des pilastres sur la gauche;

4° Ponctué les diagonales géométrales LK, MD donnant sur l'arc du premier plan les intersections K et D; mené au point de vue les perpendiculaires L, M partant des angles du carré géométral; puis celle E du cerveau de l'arc ou demi-circonférence inscrite dans le carré, ainsi que les perpendiculaires partant des susdites intersections K, D et du centre de l'arc en C.

Il nous reste maintenant à expliquer, comme complément de ce qui a déjà été dit, le tracé simplifié des voûtes d'arête; celui des chapiteaux des piliers et pilastres; à rappeler l'opération relative à l'escalier et au carrelage; enfin, à donner le moyen de développer perspectivement les moulures de l'archivolte sur le premier plan.

1° Complément du tracé des voûtes.

La face fuyante de chaque pilier sur la droite étant prolongée dans la hauteur des voûtes jusqu'à la perpendiculaire M, allant au point de vue, on aura un parallélogramme ponctué entre chacun de ces piliers; cherchant alors le centre de ces parallélogrammes par l'intersection de deux diagonales en N, et traçant à ce point une verticale, elle passera à la naissance des arcs en P et à leur sommet en Q, et donnera le milieu perspectif de l'intervalle compris entre chaque pilier. Tirant ensuite du point de centre P deux demi-diagonales se dirigeant aux angles de chaque parallélogramme ponctué, il suffira, pour connaître les points d'intersection O', nécessaires au tracé des courbes de la voûte d'arête, de mener au point de vue la perpendiculaire partant de O donnée par la parallèle géométrale DO. Enfin, si de ces intersections O' on suppose des parallèles horizontales, elles couperont les deux perpendiculaires partant de K et D aux points D' et K', et donneront les quatre points perspectifs cherchés pour le complément du tracé de chaque voûte d'arête, le centre étant donné par l'intersection de la perpendiculaire E et des horizontales Q.

L'appareil régulier indiqué au premier plan sur l'archivolte et même sur le pilier à gauche du tableau, a été donné pour faire comprendre combien il est facile de trouver perspectivement cet appareil sur les piliers et voûtes de la galerie. En effet, si, de la rencontre des perpendiculaires (menées de chaque point de l'appareil donné sur le premier plan) avec la face des piliers et voûtes en perspective, on trace des parallèles horizontales, on aura l'appareil perspectif cherché, que l'on complétera sur le mur à gauche par de nouvelles perpendiculaires partant des angles formés par ce mur et les pilastres.

Le tracé des arcs latéraux en retraite de $0^m,10$ étant plus compliqué que celui développé à la planche 14 (voûte d'arête), nous allons donner le moyen de tracer ces arcs, en ajoutant seulement deux perpendiculaires aux opérations déjà faites.

Si l'on reporte en dehors et sur la gauche du tableau, à une distance de $0^m,10$, en L' et O' les points LO donnés par l'angle du parallélogramme et par l'intersection de la diagonale avec l'arc géométral dessiné au sommet dudit tableau, il suffira de diriger de ces nouveaux points L', O' deux perpendiculaires au point de vue : leur rencontre avec le prolongement des parallèles passant par les centres E' et par les points intermédiaires K' des courbes diagonales des voûtes déjà dessinées, donnera les points E'',K'' par lesquels devront passer les arcs latéraux sur la gauche de la galerie. Deux perpendiculaires M'O', partant à $0^m,50$ (*épaisseur du pilier*) en dehors et sur la droite du tableau, donneraient un résultat analogue pour le tracé des arcs au-dessus des piliers, si cela était nécessaire.

2° Complément du tracé des moulures formant les chapiteaux des piliers et pilastres.

Le profil géométral et ponctué du chapiteau ainsi que de la base du pilier étant donné, si l'on dessine perspectivement le plan du premier pilier au-dessous de son chapiteau, et que par deux diagonales on détermine le milieu perspectif de ce plan, il sera facile de comprendre que la perpendiculaire partant de l'angle R du premier chapiteau et se dirigeant au point de vue donnera une intersection sur la parallèle horizontale complétant le plan du pilier sous chaque chapiteau, et dès lors permettra de tracer au sommet de ces piliers une diagonale, ainsi que cela a été pratiqué sur celui du premier plan en UR.

Si du centre S donné par les diagonales du premier chapiteau l'on tire une ligne au point de vue, elle coupera la diagonale trouvée sous les autres chapiteaux en un point S' donnant le centre perspectif de chacun d'eux. (*On arriverait au même résultat en prenant le milieu de T-R, ou face parallèle du pilier.*)

Si, élevant des verticales sur les centres S', on trace sur chacune d'elles deux intersections données par deux perpendiculaires partant des points SS et SSS (*déterminant la hauteur de chaque moulure sur le chapiteau du premier plan*), on aura trouvé les centres d'où partiront les demi-diagonales servant à compléter le tracé perspectif de tous les chapiteaux-piliers : 1° par les *perpendiculaires* partant du profil perspectif obtenu sur le premier plan; 2° par les *parallèles horizontales* passant aux intersections données sur les demi-diagonales par ces *perpendiculaires;* 3° enfin, par les *verticales* élevées sur les mêmes intersections, ainsi que cela a été expliqué au chapitre XXIII, planche 15, figures 3 et 4.

Le socle se trouvera par les mêmes moyens.

Quant aux chapiteaux des pilastres adossés au mur sur la gauche de la galerie, on cherchera le développement perspectif des moulures de celui sur le premier plan par les moyens indiqués ci-dessus : traçant alors des perpendiculaires partant du nouveau profil perspectif obtenu, puis des parallèles horizontales ramenées des chapiteaux-piliers en face, on aura dessiné perspectivement tous les chapiteaux-pilastres dans la profondeur du tableau.

En ce qui concerne les moulures se profilant sur le mur à la hauteur des chapiteaux-pilastres, il suffira de ponctuer à 0^m,10 en reculement un profil égal à celui trouvé perspectivement sur l'angle le plus saillant du pilier de gauche (comme se trouvant sur une ligne parallèle à la diagonale); puis, des cinq points du profil, diriger des perpendiculaires au point de vue : leur rencontre avec les parallèles horizontales des chapiteaux perspectifs donnera les profils sur l'angle rentrant de chaque pilastre.

3° *Tracé du perron.*

Cette opération ne diffère de celle décrite au chapitre XXIII (*pl.* 15, *fig.* 5), qu'en ce que le perron à mettre en perspective se trouve enfoncé dans le tableau; que dès lors il faut trouver le moyen d'opérer à distance, et surtout de déterminer la foulée des marches sans le secours du point de distance.

Si l'on se reporte à ce qui a été dit au chapitre XXIII (*pl.* 15, *fig.* 2), relativement à la hauteur proportionnelle des corps en perspective; si l'on considère que les cinq marches du perron sont contenues dans la hauteur du socle des piliers, on comprendra que, par deux parallèles horizontales, on pourra rapporter en X' la hauteur dudit socle en face du quatrième pilier, par leur intersection avec la perpendiculaire menée au point de vue du point X indiquant sur le premier plan la largeur du perron, et par la verticale élevée sur ce même point X'.

Si l'on divise la verticale X'5' en cinq parties égales, on dirigera au point de vue cinq perpendiculaires 1', 2', 3', 4' et 5', appelées à *déterminer la hauteur proportionnelle de chaque marche suivant sa profondeur dans le tableau.*

En ce qui concerne la *foulée des marches*, si l'on remarque, d'une part, que la face de la cinquième marche correspond à la face du cinquième pilier; d'autre part, que la face du socle ou piédestal du candélabre est en avant de la première marche d'une saillie égale aux foulées de ce perron; enfin, que cette même face du socle précédant l'escalier correspond au milieu du vide compris entre le quatrième et le cinquième pilier, on comprendra qu'en traçant deux diagonales sur le pavage on aura le milieu du carré, dès lors la ligne de face dudit piédestal : la face de la dernière marche sera donnée par une parallèle horizontale partant de la partie supérieure du socle du cinquième pilier, au point où cette parallèle coupera la perpendiculaire n° 5' donnant la hauteur totale du perron.

Quant à la profondeur proportionnelle de la foulée des quatre marches, ainsi que de la saillie du piédestal, formant géométralement cinq dimensions égales, il suffira de tracer la diagonale YZ coupant les perpendiculaires menées des points 1', 2', 3', 4' et 5' divisant la hauteur du perron, pour obtenir la face verticale des marches, ainsi que la dimension horizontale de chacune d'elles en perspective. (Voir la *planche* 15, *figure* 2.)

L'arrière-face de la balustrade à croisillons correspondant à l'arrière-face du cinquième pilier, et cette même balustrade n'ayant que vingt-cinq centimètres d'épaisseur ou moitié du pilier, il faudra, pour en déterminer les proportions, prendre la moitié de la face fuyante du cinquième pilier.

Nota. — Si nous avions eu à mettre en perspective un perron ayant des dimensions inégales, nous nous serions contenté de diviser la largeur du portique en face du quatrième pilier par des dimensions proportionnelles à celles cherchées en perspective; puis, de chaque division, menant des perpendiculaires au point de vue, leur rencontre avec la diagonale du pavage de cette travée nous aurait donné les profondeurs cherchées, aussi exactement qu'en employant le moyen que nous avons admis pour la planche 37-38. (Voir la *planche* 15, *figures* 5 et 6, et celle 36, *figures* 1 et 2.)

4° *Dimension des portes latérales.*

La largeur de ces portes s'obtiendra en ajoutant préalablement, à la subdivision proportionnelle tracée sur le premier pilier de

droite, la dimension et la place de chacune d'elles, ainsi que cela
a été fait entre le premier et le deuxième pilier, entre le cinquième et le sixième, enfin entre le sixième et le septième.

Dirigeant alors, des différents points donnés, des perpendiculaires au point de vue, elles couperont la diagonale AB en des
points qui, ramenés par des parallèles horizontales sur les côtés
de la galerie, donneront la largeur perspective de chacune de
ces portes (1). Quant à leur hauteur, elle est déterminée par les
lignes d'appareil, comme elle pourrait l'être par toute autre dimension partant du premier plan. (Voyez la *planche* 12, *figure* 3, et la
planche 15, *figures* 1 et 2.)

5° *Développement perspectif de la moulure de l'archivolte.*

En admettant que la saillie de la moulure de l'archivolte est
égale à celle du chapiteau, il faudra dessiner géométralement le
profil de cette moulure de l'arc au sommet de l'un des piliers :
soit, par exemple, celui de gauche. Si des points de rencontre
1, 2, 3, l'on trace des fractions de perpendiculaires jusqu'à la
ligne la plus saillante du tailloir, développé perspectivement, l'on
dessinera de nouveau le profil perspectif de cette moulure réduit
à la saillie apparente de ce tailloir; puis, cherchant par des parallèles horizontales les centres des nouveaux cercles (*partant du
profil développé*) à leur intersection avec le prolongement de la
perpendiculaire passant au centre C, on décrira les cinq demi-
cercles donnant le développement perspectif de la moulure.

Enfin, ponctuant le cercle indiquant la rencontre de la moulure
de l'archivolte avec le nu du mur, si de cette rencontre avec les
joints d'appareil l'on trace des fractions de perpendiculaires, on
obtiendra la saillie du profil perspectif de cette moulure à chacun
de ces joints 1, 2, 3, 4, 5, etc., etc.

6° *Tracé du pavage.*

L'appareil de ce pavage donnant quatre carreaux ou dalles sur
la largeur du portique, on divisera le premier plan en quatre parties égales; puis, des trois points de division, l'on dirigera des
perpendiculaires au point de vue : ces perpendiculaires rencontrant en trois points la diagonale tracée dans le parallélogramme
perspectif compris entre les plates-bandes reliant les piliers et

____

(1) Voir la ponctuation tracée sur la pl. 37-38.

pilastres, on fera passer par ces trois points des parallèles horizontales divisant les côtés latéraux dudit parallélogramme en quatre parties perspectivement égales. Réunissant alors tous les points trouvés sur les quatre côtés par des droites épousant la direction perspective des diagonales, on aura tracé le pavage demandé sur le sol de la première travée de la galerie.

Le pavage des autres travées se trouvera de la même manière, les trois perpendiculaires devant simplement être prolongées jusqu'au mur supportant la balustrade à croisillons.

Pour tracer le pavage du vestibule, il suffira de relever verticalement les trois perpendiculaires susdites jusqu'à la hauteur du sol de cette salle, puis de les diriger de nouveau au point de vue : le restant de l'opération étant identiquement conforme à ce qui a été expliqué pour le pavage de la galerie.

PLANCHE XXXVI

En donnant les figures 1 et 2 de cette planche, nous avons eu pour but de montrer aux élèves les moyens à employer pour trouver perspectivement les piliers flanqués de pilastres recevant des arcs-doubleaux, ainsi que les piliers à plan octogonal supportant des plates-bandes rencontrant perpendiculairement quatre faces de ces piliers. (*Les figures 3 et 4 donnent les plans de ces différents piliers et la construction géométrale à répéter en perspective.*)

CONCLUSION.

Nous avons essayé de réunir dans ce cours, et surtout dans les derniers chapitres, la plupart des difficultés à vaincre dans un dessin perspectif : nous disons *la plupart* avec intention, car nous n'avons pas eu la pensée de rédiger un cours complet de perspective, que nous considérons comme inutile à notre enseignement de la Martinière, et peu nécessaire à la généralité des dessinateurs.

Nous avons donc fait nos efforts pour réduire cet enseignement à sa plus simple expression, de manière à mettre cette science à la portée du plus grand nombre, dès lors engager la jeunesse à s'occuper d'une étude trop négligée et cependant si utile à tous les artistes.

ENSEIGNEMENT DU DESSIN,

MÉTHODE DUPASQUIER.

LIVRE V.

TRACÉ DES OMBRES.

CHAPITRE XXIV.

Nota. — Les anciens élèves classés par rang de mérite, d'après les listes dressées à la fin de l'année précédente, sont tous admis à concourir pour le classement définitif.

Ce concours préparatoire consiste à dessiner sur trois feuilles de papier le résumé des éléments de perspective pratique (*pl.* 4, *fig.* 1 *et* 2), ainsi que l'ensemble du modèle à quatre colonnes (*pl.* 5, *fig.* 1 *et* 2).

Il est accordé : 1° pour le résumé du parallélisme des lignes et le développement des surfaces (*pl.* 4, *fig.* 1re), deux séances, ci 2

2° Pour le développement des courbes à plan et profils circulaires (*pl.* 4, *fig.* 2), trois séances, ci 3

3° Enfin, pour le modèle à quatre colonnes, dessiné sur 0m,30 de hauteur, cinq séances, ci 5

En tout 10 séances, ou 15 heures d'étude, ci 10

Le classement des élèves étant opéré suivant le résultat du concours, on admet dans la première division tous les élèves qui ont dessiné nettement et qui ont parfaitement raisonné le travail demandé.

Les élèves qui n'ont pu vaincre seuls les difficultés de ce concours, ne sont pas immédiatement admis à l'étude des ombres et du lavis. Ils forment la deuxième division, dans laquelle on revient d'une manière générale sur l'enseignement de la première année, pour compléter ensuite l'année scolaire par l'étude des éléments contenus dans le Vᵉ et le VIᵉ livre, pendant que la première division s'occupe du concours de fin d'année.

Cependant, pour maintenir l'émulation parmi les élèves de la deuxième division, tous ceux qui, par un redoublement de zèle et un travail fait en dehors de la classe, prouvent qu'ils peuvent concourir au lavis, sont reçus dans la première division à l'ouverture du concours final.

Le complément du cours de perspective linéaire étant enseigné à tous les anciens élèves, ceux de la deuxième division peuvent être admis au concours de fin d'année, si leur travail prouve qu'ils sont capables de résoudre les difficultés contenues dans le programme de ce dernier concours.

Il y a également concours préparatoire entre les élèves des deux divisions, pour la séance du croquis fait sur ardoise devant le jury appelé à décerner les prix.

En résumé, les élèves formant la deuxième division, qui dès lors ne sont point admis au concours du lavis, peuvent encore prétendre aux prix de la perspective linéaire, ainsi qu'à ceux du croquis sur ardoise, si, dans les concours préparatoires, ils obtiennent un numéro d'ordre meilleur que leurs camarades de la première division.

PLANCHE XVII.

DES ORDRES.

Ce que l'on nomme en architecture *un ordre*, se divise en trois parties bien distinctes, savoir : le *piédestal*, la *colonne*, l'*entablement*.

Figure 1ʳᵉ. — Le *piédestal* se compose du *socle* A, du *dé* B, et de la *corniche* C.

La *colonne* est formée de la *base* D, du *fût* E, et du *chapiteau* G.

L'*entablement* se complète par l'*architrave* K, la *frise* O, et la *corniche* M.

Figure 2. — Chacune des parties dont il vient d'être parlé se subdivise en sous-détails, ou moulures ainsi nommées :

La *base* a un *socle*, un *tore*, un *filet* K.

Le *fût* de la colonne, formé d'un cylindre incliné, se termine par deux gorges M.

Le *chapiteau* se compose d'une *astragale*, formée elle-même d'un *filet* M et d'une *baguette* O; d'un *collier*, puis d'un *filet* P, d'un *quart de rond* Q, surmonté du *tailloir* ; enfin, d'un *talon* R et d'un *filet* S.

Figure 3. — Ce détail, de l'ordre *dorique* romain auquel on a ajusté une base *attique*, porte des cannelures dont cet ordre est parfois orné (voir le plan au-dessous); la figure T indique la manière de tracer ces cannelures, celles U et V donnent le tracé des cannelures de l'ordre dorique grec.

Nous compléterons ces quelques mots sur l'ordre dorique et l'ordre toscan, en donnant les moyens de déterminer leurs proportions, dès lors de les dessiner.

Prenant pour base le diamètre de la colonne, on le divise en deux parties que l'on nomme *modules*. Chaque module représente un rayon, et se divise en trente parties. C'est ainsi qu'a été établie l'échelle des modules mises à la base de cette planche.

Il résulte d'une seconde échelle des modules, placée à la droite de l'ordre, que le piédestal a 4 modules 27 parties, ci. 4^m,27^p

  La colonne, 14 modules, 18 parties, ci. . . . 14, 18

  Et l'entablement, 5 modules, 5 parties, ci . . . 5, 05

               ——————

En tout 24 modules, 20 parties, ci. . . . . . 24^m,20^p

Comme nous ne nous occupons de l'étude des ordres que d'une manière incidente et non spéciale, j'ai dû préférer, pour l'enseignement, l'échelle du mètre, dès lors placer sur la gauche de l'ensemble de l'ordre (*fig.* 1re) les mesures métriques rappelant les proportions du modèle utilisé pour l'étude, en réduisant ces proportions au dixième de la grandeur réelle du modèle (1), afin de pouvoir faire entrer le dessin du piédestal et de la colonne dans la hauteur des planchettes mobiles.

Les figures 2 et 3 donnent les cotes des sous-détails, faits sur une échelle plus grande, pour servir aux dessins du tracé des ombres et du *lavis*.

Cette planche 17 ne se copie pas, elle n'est donnée que comme éléments pour servir à l'enseignement qui va suivre.

PLANCHE XVIII.

TRACÉ DES MOULURES.

Nota. — Tous les dessins se font avec le crayon, le té et l'équerre; l'em-

____

(1) Le modèle a environ un mètre de hauteur.

ploi du tire-ligne et de l'encre est défendu. Nous en donnerons les motifs au sixième livre.

Figure 1ʳᵉ. — La *doucine* se dessine en réunissant les points A et B par une droite, que l'on divise en deux parties égales; prenant alors le milieu K comme centre, décrire une circonférence d'un rayon égal AK ou KB; puis, reportant la pointe du compas aux deux points A et B comme centre, et d'un rayon égal AK, on trace les intersections C et D: du point D on décrit l'arc AK; enfin, du point C, l'arc KB, lesquels se rencontrant en K donneront la forme de la moulure, nommée *doucine*. La baguette au-dessous est formée par une demi-circonférence.

Figure 2. — Le *quart de rond* s'obtient en établissant un carré dont la hauteur ou la saillie de cette moulure est le côté; prenant alors l'angle A pour centre, on décrira le quart de cercle. La moulure au-dessous se nomme *filet*.

Figure 3. — Le *talon* se trace comme la *doucine*, en réunissant les deux points A et B par une ligne droite que l'on divise en deux parties égales; puis, décrivant le circonférence dont AB est le diamètre, il faut, des points C et D, tracer les arcs qui se rencontreront au centre et formeront le talon.

Figure 4. — La *gorge* ou le *cavet* se dessine en construisant un carré dont le côté est donné par la hauteur ou la saillie de la moulure; enfin, en traçant du point C, comme centre, l'arc BD.

Pour dessiner les huit figures contenues dans cette planche, il convient de procéder d'ensemble; dès lors de demander aux élèves :

1° De placer leur *té* sur la gauche de la planchette, et de tracer les quatre parallèles horizontales 1, 2, 3, 4, suivant les cotes données (1);

2° D'indiquer sur l'une de ces parallèles les subdivisions des figures, soit 0ᵐ,08 pour chacune d'elles, et 0ᵐ,03 pour chaque écartement, laissant aux marges le restant de la largeur de la feuille de papier;

3° De déterminer la subdivision des moulures, en partant toujours du même point, et ouvrant successivement le compas pour ajouter la nouvelle cote à celles qui ont précédé;

(1) Les cotes de cette planche, ainsi que celles de toutes les planches qui vont suivre, sont combinées de manière que chaque planche gravée indique ce qui peut être fait sur une feuille de papier ayant la dimension de la planchette mobile du bidet; il suffira donc aux élèves de prendre avec le compas, sur le décimètre, la cote donnée par la gravure, pour la reporter sur leur feuille.

4° De placer l'équerre sur le té, et la faisant courir de gauche à droite, élever avec le crayon une perpendiculaire à chaque point indiqué hors la ligne (1); puis, donnant à chaque moulure la saillie qu'elle doit avoir, en compléter la forme suivant les indications données précédemment : en opérant de la sorte, on habitue l'élève à masser ses dessins, au lieu de les achever fractionnellement.

TRACÉ DES OMBRES DES MÊMES MOULURES.

Avant d'entrer en matière, je dois faire observer que le peu de temps consacré à l'étude des ombres m'imposait deux obligations, qu'il fallait forcément remplir pour obtenir un résultat général satisfaisant.

En effet, il ne s'agissait pas d'enseigner la théorie complète des ombres par les formules ordinaires, il fallait réduire cette partie du cours aux éléments nécessaires à la généralité des dessinateurs, pour reproduire et déterminer la forme des corps; enfin, diviser les démonstrations, pour les mettre à la portée de toutes les intelligences.

En outre, il fallait trouver et coordonner une méthode permettant d'appliquer le tracé des ombres aux dessins perspectifs, sans utiliser les projections, en faisant disparaître toute démonstration scientifique, et réduisant cette méthode à de simples formules, ainsi que je l'avais fait pour la perspective pratique.

Telles étaient les exigences de cette partie de l'enseignement, que je vais développer dans les chapitres suivants.

RAYON LUMINEUX.

La véritable direction du rayon lumineux étant donnée par la diagonale d'un cube (*fig.* 1ʳᵉ, *pl.* 19), soit AB, il en résulte que cette diagonale projetée sur le côté vertical du cube, soit AHCK, donne la ligne ponctuée AC; enfin, que par sa projection sur le côté horizontal AEMK, on obtient la ligne AM (2).

Il faut conclure de ce qui précède, qu'en *élévation* (*projection sur un plan vertical*), la diagonale AC du carré présente la direction du rayon lumineux, et qu'en *plan* (ou *projection sur un*

____

(1) Voir la planche 1ʳᵉ, fig. 5 et 6.

(2) Ces deux lignes AC, AM, ou diagonales des carrés, prennent le nom de lignes de 45 degrés.

plan horizontal), la diagonale AM du carré AEMK donne le même résultat.

Ceci admis comme base du tracé des ombres, on reconnaîtra que la hauteur d'une ombre projetée est égale à la saillie du corps qui la projette. En effet, la diagonale du carré vertical AHCK (*pl.* 19, *fig.* 1re) donnerait une hauteur d'ombre CK égale à la saillie du corps AK, car les deux côtés d'un carré sont égaux.

Revenant à la planche 18, demander aux élèves de tracer dans le prolongement de la figure 5 une ligne ponctuée jusqu'à la rencontre du cadre; puis, du point D décrire un quart de cercle; enfin, des points E et G comme centres, chercher l'intersection K, pour tracer la ligne de 45 degrés AD divisant l'angle droit en deux parties égales.

Plaçant alors l'équerre dans la direction de DK, et la faisant courir sur le té, on la ramènera au point le plus saillant de la moulure en M, pour tracer la ligne MN déterminant la hauteur de l'ombre portée du filet sur la doucine.

Plaçant ensuite cette équerre contre la partie inférieure de la doucine, il faudra mener une tangente au quart de cercle, en faire autant à la baguette au-dessous; puis, à chaque moulure traçant un carré (*en prenant pour côté le rayon du quart de cercle*), la diagonale AC donnera le point de tangence B déterminant la hauteur de l'ombre naturelle, c'est-à-dire la division de la partie éclairée d'avec celle que ne peut voir le rayon lumineux.

Par le tracé des trois lignes de 45 degrés on aura trouvé les trois ombres portées : du filet sur la doucine en N; de la doucine sur le corps au-dessus en O; enfin de la baguette sur le même corps en R. Par la construction des carrés donnant les points de tangence B, B', on aura déterminé l'ombre naturelle de la doucine ainsi que de la baguette. Il suffira donc, pour compléter le tracé des ombres portées et des ombres naturelles, de mener les parallèles passant par les points N, B, O, B' et R.

Il est nécessaire de faire distinguer aux élèves la différence qui existe entre l'ombre portée et l'ombre naturelle; cette dernière donnant simplement la forme ou le modelé du corps, tandis que la première est projetée par le corps qui lui est superposé. Il résulte de cette différence que, dans un lavis, les ombres portées sont toujours plus teintées que les ombres naturelles : nous reviendrons sur ce sujet lorsque nous nous occuperons de l'étude du lavis.

TRACÉ DES OMBRES.

CHAPITRE XXV.

PLANCHE XIX.

Nota. — Il convient de rappeler aux élèves que la véritable direction du rayon lumineux étant la diagonale d'un cube (*fig.* 1ʳᵉ), il en résulte qu'en élévation cette ligne est représentée par la diagonale du carré vertical, tandis qu'en plan, c'est la diagonale du carré horizontal qui en donne la projection.

OMBRE PORTÉE D'UN CARRÉ SUR UN CYLINDRE.

Figure 2. — Tracez géométralement le plan et l'élévation du corps suivant les cotes données; puis faites passer une ligne de 45 degrés par le point le plus saillant, en le prolongeant jusqu'à l'axe du cylindre vertical en K.

Partant du même angle A' en plan, tracez la diagonale A'M, elle rencontrera le cylindre en B'; de ce point, si vous élevez une verticale ou parallèle à l'axe du cylindre jusqu'à la ligne de 45 degrés AK tracée en élévation, l'intersection B donnera le point où s'arrête l'ombre portée, ainsi que la naissance de la courbe qui doit en déterminer la forme.

Si du point D', en plan, on ramène une ligne de 45 degrés jusque sur le carré en C', et que, de ce deuxième point, on élève une verticale sur le corps qui projette l'ombre en C; si de ce même point C on abaisse une ligne de 45 degrés jusqu'à l'axe du cylindre, on aura le point D, par où doit passer la courbe cherchée.

Du point de tangence G' donné par la diagonale M,N' en plan, si l'on tire une ligne de 45 degrés jusque sur le corps carré en E'; puis, que relevant ce point en élévation on trace la ligne de 45 degrés EG, sa rencontre avec la verticale élevée du point de tangence G' donnera l'ombre naturelle du cylindre, ainsi que le point G, où l'ombre portée disparaît dans cette ombre naturelle : il suffira, pour compléter ce tracé d'ombre, de dessiner une courbe passant par les trois points B, D, G; — B et G étant à la même hauteur (1).

(1) Si la ligne AN était prolongée sur la gauche de telle sorte que l'angle A ne pût se projeter sur le cylindre, l'ombre portée de cette ligne AN se continuerait sur le côté gauche du cylindre jusqu'en M'.

Cette opération étant faite avec soin, l'arc tracé par le centre K (d'une ouverture de compas égale au rayon du cylindre, soit M,B') passera par les trois points B, D, G, trouvés précédemment; d'où il faut conclure ; que l'ombre portée par la droite horizontale AN a pris la forme du cylindre ou corps sur lequel elle a été projetée, tandis que l'ombre portée par la perpendiculaire A'O a conservé la direction donnée par la ligne de 45 degrés, soit AB.

Figure 3. — OMBRE PORTÉE D'UN CORPS ROND SUR UN CYLINDRE.

Dessinez le plan et l'élévation suivant les cotes données.

Menant alors du point A', en plan, une ligne de 45 degrés jusqu'en B'; puis élevant à ce point une verticale jusque sur le corps saillant en élévation, soit en B; si de ce point B vous abaissez une ligne de 45 degrés jusque sur le côté gauche du cylindre en A, vous aurez déterminé le départ apparent de l'ombre portée sur ce cylindre.

Si vous opérez de même sur la diagonale de C' en D', et que du point D en élévation vous traciez une ligne de 45 degrés, vous aurez un deuxième point C par lequel passera l'ombre portée.

En répétant cette opération sur l'axe de la figure, ainsi que sur la diagonale de droite, vous aurez trouvé sur le corps cylindrique les quatre points A,C,E,H, par lesquels passera la courbe donnant la forme de l'ombre portée, en même temps que le point H déterminera l'ombre naturelle du cylindre.

Nous engageons les élèves à opérer d'ensemble et non isolément, en menant en plan les quatre lignes de 45 degrés A'B', C'D', E'G', H'K'; élevant ensuite quatre verticales jusqu'aux points correspondants en élévation, on abaissera les quatre lignes de 45 degrés jusqu'à la rencontre des quatre verticales élevées des points pris sur le cylindre en plan, soit A',C',E',H'.

Faire alors remarquer : 1° que le point B, d'où part la ligne de 45 degrés servant à trouver la naissance de l'ombre portée sur le cylindre en élévation, est en retraite du point le plus saillant du corps portant l'ombre ;

2° Que le point le plus élevé de l'ombre portée se trouve sur la diagonale de gauche en C ;

3° Que l'ombre portée sur l'axe du cylindre, en E, a une hauteur égale à celle trouvée en A ;

4° Que l'ombre portée par un corps rond sur un autre corps

cylindrique ne conserve pas la forme du cylindre comme à la figure 1re;

5° Que la largeur de l'ombre naturelle H d'un cylindre a toujours en apparence une dimension équivalente aux 3/10es du rayon vu géométralement;

6° Enfin, que le point le plus éclairé du cylindre est celui qui se présente le plus perpendiculairement au rayon lumineux, soit C^J, sur la diagonale de gauche;

Figure 4. — TRACER L'OMBRE D'UNE SPHÈRE.

L'ombre de cette figure est donnée par les deux points de tangence E et G trouvés par la perpendiculaire aux deux tangentes, et par le point M pris aux 3/10es du rayon parallèle aux mêmes tangentes AB, CD.

Le point K, sur la gauche du même diamètre, indique la partie la plus directement éclairée de la sphère; il est également donné par les 3/10es du rayon.

CHAPITRE XXVI.

—

PLANCHE XX.

—

Figure 1re. — OMBRE NATURELLE D'UN TORE OU FIGURE A PROFIL
ET PLAN CIRCULAIRES.

Après avoir tracé le plan et l'élévation de cette figure, trouver les points de tangence A et B sur les deux profils en élévation, par deux tangentes aux cercles et par deux diagonales.

Du point A abaisser alors, parallèlement à l'axe, une droite sur le diamètre CD en E; de ce point E et d'un rayon égal à CD, tracer sur le prolongement de la diagonale une intersection en K; enfin, de ce nouveau point comme centre, et avec le rayon du grand cercle, soit CD, décrire la courbe E,L,M,N, donnant en plan la course de l'ombre naturelle. Si l'on a bien opéré, cette courbe passera sur le diamètre perpendiculaire en M à une distance de O égale à CE pris sur le diamètre parallèle, et aboutira au point de tangence N. En outre, on trouvera que l'écartement LQ pris sur la diagonale de gauche est plus grand que les deux dimensions précédentes CE, MO.

Le point M en plan (trouvé sur le diamètre perpendiculaire), étant distant de O comme le point E l'est de C (*diamètre parallèle*), il en résulte qu'en élévation les deux hauteurs A et M' doivent être égales : donc, en menant de A une parallèle sur l'axe en M', on aura le deuxième point par où doit passer l'ombre naturelle en élévation.

Si, du point de tangence N en plan, on élève une verticale jusqu'à la rencontre du grand diamètre en élévation, soit en N', on obtiendra le troisième point nécessaire au tracé de cette ombre ; le quatrième est donné par la tangente en B : il reste à trouver le cinquième point sur la diagonale de gauche en S.

Si l'on considère que le profil du tore YVX est inscrit dans un parallélogramme ou demi-carré représenté en plan sur le diamètre parallèle par la ligne CT, on admettra qu'il en est de même sur la diagonale, en QU. Donc, si l'on élève deux verticales sur les points Q et U, on aura en élévation un parallélogramme réduit, dans lequel on tracera la demi-circonférence 1, 2, 3 ; alors, du point L en plan, donné par l'intersection de la course de l'ombre avec la diagonale, si l'on trace une verticale jusqu'à la nouvelle demi-circonférence, on aura l'intersection S donnant le dernier point cherché pour le tracé de l'ombre naturelle en élévation.

Nota. — Il convient de faire remarquer que l'abaissement de l'ombre à ce point S est le tiers de la hauteur prise sur l'axe au point A, ainsi que sur le profil de gauche.

Pour achever le tracé de la course de l'ombre en élévation, sur l'arrière-face de la demi-circonférence, il suffira de trouver les points R, P, 2, en employant des parallèles horizontales et verticales.

Figure 2. — TRACÉ DES OMBRES PORTÉES ET OMBRES NATURELLES
DE L'ASTRAGALE.

Ombre naturelle de la baguette.

Connaissant le résultat du tracé de l'ombre naturelle d'un tore, on demandera aux élèves de trouver l'ombre naturelle de la baguette, sans utiliser le plan, en procédant ainsi qu'il va être expliqué.

Déterminer le point de tangence A en employant la diagonale du carré circonscrivant le quart de cercle, ou, si l'on préfère, prendre les 3/10° du rayon vertical de la demi-circonférence, donnant le profil de la baguette.

En agir de même pour le point de tangence C, dans le profil opposé.

Le point B sur l'axe est donné par une hauteur d'ombre égale à celle déjà trouvée verticalement en A.

Si l'on prend les 3/10° du grand rayon, sur la droite, on aura le point D.

Enfin, le point K sur la diagonale de gauche se trouvera en prenant les 3/10° du rayon AB, et donnant à la hauteur verticale de l'ombre à ce point un tiers en moins qu'aux points A et B.

Ombre portée du filet sur le fût de la colonne.

Sachant comment se trouve l'ombre portée d'une courbe sur un cylindre, il suffirait de donner à la hauteur de l'ombre à sa naissance une dimension égale à la saillie du filet qui la projette. Cependant, ainsi que nous l'avons fait observer à la figure 3, planche 15, la ligne de 45 degrés qui détermine cette ombre ne part pas du point le plus saillant du filet, mais d'un nouveau point R en retraite (*dans cette figure 2, planche* 20) d'environ 1/12° : elle est d'un trentième pour la baguette de l'astragale d'un chapiteau, et d'un dixième pour son quart de rond; d'où il résulte que cette retraite devient imperceptible lorsqu'on dessine le chapiteau d'une colonne de 2 à 3 centimètres de diamètre. Il faut même ajouter qu'on la trouverait difficilement d'une manière exacte par une opération géométrique. En conséquence, nous admettrons que, pour toute moulure circulaire d'un faible diamètre, on peut sans nuire à la vérité prendre pour base de la hauteur d'une ombre la saillie du corps qui la projette.

Ainsi, dans cette figure 2, admettant une retraite d'un douzième, nous donnerons à la hauteur de l'ombre à sa naissance une dimension égale à la saillie du filet, moins 1/12°, soit RP, reporté en PG.

Pour obtenir le point M, il faut prendre sur l'axe une hauteur VM, égale à celle trouvée en PG, ce qui revient au même que de tracer une parallèle GM.

Revenant sur la diagonale de gauche en O, si l'on opère avec le plan par les points S', O', on obtiendra en élévation une hauteur d'ombre plus faible qu'aux points G et M; *cette différence est d'un quart.*

Enfin, si, par les trois points obtenus G, O, M, on fait passer une courbe, et qu'on la prolonge dans la direction donnée jusqu'à l'ombre naturelle en N, on aura déterminé la forme de l'ombre portée du filet sur le fût de la colonne.

Après avoir tracé le point N par le prolongement de la courbe passant par les trois points G, O, M, il conviendra d'opérer régulièrement, pour se convaincre de l'exactitude du tracé indiqué : en conséquence, si, du point de tangence N′ en plan, vous ramenez une ligne de 45 degrés jusque sur le filet en E′, et que, de ce dernier point, vous éleviez une verticale jusque sur le filet en élévation ; si, de ce nouveau point E, vous abaissez une ligne de 45 degrés jusqu'à la rencontre de la verticale élevée du point N′ en plan, vous aurez le point N en élévation, indiquant où l'ombre portée du filet vient se perdre dans l'ombre naturelle du fût.

Ombre portée par l'ombre naturelle de la baguette sur le filet.

Du point de tangence A rentré de 1/12ᵉ de sa saillie sur le filet, menez une ligne de 45 degrés jusque sur ce même filet, vous aurez la hauteur de l'ombre portée à son départ.

Prenant cette même hauteur sur l'axe, vous aurez le point Z.

Le point Y se trouvera en utilisant le plan, ainsi qu'on l'a fait pour le point N du filet au-dessous.

Pour avoir le point X sur la diagonale de gauche, il faut, du point K, trouvé sur l'ombre naturelle de la baguette, abaisser une ligne de 45 degrés jusqu'à la rencontre de la verticale élevée sur le point S′ en plan.

Faire alors remarquer aux élèves que l'ombre portée à ce point a diminué de hauteur dans le même rapport observé pour l'ombre naturelle de la baguette, c'est-à-dire du tiers.

CHAPITRE XXVII.

—

PLANCHE XXI.

—

Figure 1ʳᵉ. — TRACÉ GÉOMÉTRAL DES OMBRES D'UNE BASE.

Le professeur ayant fait dessiner le plan et l'élévation des figures 1 et 2, il demandera aux élèves de tracer : 1° l'ombre naturelle du fût, en prenant les 3/10ᵐ de son rayon, soit H ;

2° L'ombre naturelle du filet, également par les 3/10ᵐ du rayon ;

3° L'ombre naturelle du tore, en cherchant, comme il a été expliqué à la planche 20, figure 1ʳᵉ, les points A, B, C, D, E ;

4° L'ombre de la gorge du fût de la colonne, en prenant en élévation la parallèle KM ; puis, plaçant le point N au milieu de la distance MO (*ce dernier point O (1) donné par le relevé du point O en plan trouvé par la ligne de 45 degrés partant du point de tangence G*), tracer la parallèle NL, en élévation, et la courbe PQ en plan (*P étant donné par la verticale abaissée du point N*) ; relevant alors le point Q jusqu'à la rencontre de la parallèle NL en L, on aura les points KLO pour le tracé de l'ombre de la gorge en élévation ;

5° L'ombre portée du filet sur le tore, en indiquant en plan le retour de l'ombre naturelle VS tracé par le centre X, ainsi que cela a été indiqué pour l'autre moitié du tore tracé du point de centre Y, mais en renversant l'opération ; enfin, tirant la tangente au filet, soit US, sa rencontre avec l'ombre naturelle du tore donnera en plan le point S, qu'on relèvera en élévation sur cette ombre naturelle au point S' ; là s'arrêtera l'ombre portée par le filet, son prolongement se confondant avec l'ombre du tore (2).

Traçant alors en élévation le point R au milieu de la distance comprise entre la lettre E et le filet ; abaissant ensuite verticalement ce point E sur le diamètre parallèle en plan, soit au point R' ; on mènera une courbe concentrique jusqu'à la tangente US, soit en T ; enfin, relevant verticalement ce point jusqu'à la rencontre de la parallèle RT' en élévation, on aura l'intersection T'. Le passage de l'ombre portée par le filet sera donc déterminé en élévation par les points GTS'.

Le professeur doit démontrer fractionnellement toutes ces figures : c'est en les divisant qu'il devient possible de rendre claires les opérations les plus compliquées.

Figure 2. — OMBRE D'UNE BASE ÉCLAIRÉE PAR REFLET.

1° Tracer l'ombre naturelle du tore, en renversant la démonstration développée à la figure 1ʳᵉ ;

----

(1) Ce point O est en retraite d'environ 1/6ᵉ de la saillie totale du filet.

(2) La rencontre de l'ombre portée par le filet, avec l'ombre naturelle du tore, se trouve aux 2/5ᵉˢ du rayon, donnant le profil du tore, ou les 3/5ᵉˢ en saillie sur le filet.

2° Tracer l'ombre portée du filet sur le fût, ainsi qu'il a été expliqué à la planche 20, figure 2 ;

3° Tracer par les mêmes moyens l'ombre portée de l'ombre naturelle du tore sur le filet, planche 20, figure 2 ;

4° L'ombre naturelle du fût placée aux 3/10^m du rayon.

Quant à l'ombre portée du socle sur le tore, nous croyons ne pas devoir nous en occuper ; notre but, nous le répétons, n'étant pas d'enseigner un cours complet de la théorie des ombres, mais simplement d'apprendre à nos élèves ce qui est nécessaire à un dessinateur pour modeler les formes des corps ; enfin, parce que cette ombre produirait un fort mauvais effet dans un dessin, sans rien ajouter à sa clarté. Il nous arrivera donc, dans les dessins d'ensemble, de négliger certaines ombres portées comme étant inutiles à l'intelligence de la forme, et présentant le grave inconvénient de barioler le lavis sans résultat utile ; car, en définitive, ce ne sont pas des épures que nous demandons à nos élèves (le temps consacré à cette étude, ainsi que leur degré d'instruction, ne le permettant pas), mais des dessins précis recevant leur complément des ombres et du lavis.

CHAPITRE XXVIII.

PLANCHE XXII.

TRACÉ GÉOMÉTRAL DES OMBRES D'UN CHAPITEAU.

Demander aux élèves de dessiner le plan et l'élévation de chacune des figures 1, 2 et 3 ; ensuite, commençant l'opération par la figure 1re, la terminer à la figure 3, ainsi qu'il va être expliqué.

Figure 1re. — *Ombre portée du tailloir sur le fût.*

En admettant la suppression du quart de rond et du filet, ainsi que de l'astragale, se borner à tracer l'ombre portée du tailloir (ou corps carré) sur le fût ou cylindre, en opérant ainsi qu'il suit :

Mener les deux lignes de 45 degrés AC, A'B en plan et en élévation ; puis, du point D relevant une verticale jusqu'en D', il faudra d'une ouverture de compas égale à BD', et du point B comme centre, tracer une portion de cercle passant par les points D',K,G.

donnant les trois lignes BD', BK, BG égales entre elles, puisque ce sont trois rayons de la même circonférence.

On terminera cette première opération par le tracé de l'ombre naturelle du fût de la colonne, soit avec le plan, soit en prenant les 3/10ᵉ du rayon.

Figure 2. — OMBRE NATURELLE DU QUART DE ROND;

OMBRE PORTÉE DE CETTE OMBRE NATURELLE SUR LE FILET;

ENFIN, OMBRE DU FILET SUR LE FUT.

Dans cette deuxième figure, le tailloir est supposé ne pas exister; il s'agit donc de tracer les ombres demandées, sans se préoccuper de cette partie du chapiteau.

Rappelant aux élèves les figures 1 et 2 de la planche 20, en les engageant à les revoir avant d'entreprendre le tracé des ombres de ce chapiteau, on leur demandera de chercher :

1° L'*ombre naturelle du quart de rond*, en indiquant sur le profil de gauche, par le carré et la diagonale, le point de tangence A, que l'on abaissera parallèlement à l'axe en A'. De ce point A' et d'un rayon égal au grand axe, on décrira du point B la course de l'ombre qui s'arrêtera, en plan, au point de tangence C; relevant alors une verticale en C', on aura l'extrémité de l'ombre naturelle, qu'on obtiendrait aussi exactement en prenant les 3/10ᵉˢ du rayon de la circonférence, en contact avec le tailloir.

Donnant alors à l'ombre, sur l'axe en D, une hauteur égale à celle obtenue sur le profil en A, tracer, en élévation sur la diagonale de gauche (en utilisant le plan), le parallélogramme GK, ainsi que le quart de cercle perspectif qui s'y trouve inscrit. Enfin, relevant du point M en plan, donné par l'intersection de la diagonale avec l'ombre naturelle du tore, une verticale jusque sur ce quart de cercle, on aura le point M', déterminant une hauteur d'ombre, n'ayant que les 2/3 de celles trouvées en A et D.

Par les quatre points A, M', D, C', faire passer l'ombre naturelle du quart de rond.

2° L'*ombre portée par l'ombre naturelle du quart de rond sur le filet*, en traçant des lignes à 45 degrés des trois points A, M', D, pris sur l'ombre naturelle du tore en élévation; puis, retournant au plan, élever deux verticales des points K' et P', pris sur l'axe et la diagonale de gauche (*la troisième verticale en N' étant donnée par le côté du cylindre*); ces verticales rencontreront les lignes de 45 degrés AN, M'O, DP, aux points N, O et P, par où l'on fera passer l'ombre portée cherchée, que l'on devra prolonger dans une même direction, jusqu'à sa rencontre avec la ligne inférieure du filet (1).

3° *L'ombre portée du filet sur le fût.*

Ce que je viens de dire pour l'ombre portée sur le filet, s'applique au tracé de l'ombre portée par ce même filet. En effet, après avoir trouvé le point R en élévation par la ligne de 45 degrés, partant du filet, on donnera sur l'axe, au point T, une hauteur d'ombre égale à celle trouvée en R. Si, des points K', S', pris sur la diagonale en plan, on relève les verticales en K et S, et que du point K en élévation on abaisse une ligne de 45 degrés, sa rencontre avec S donnera le point cherché, c'est-à-dire la hauteur de l'ombre portée sur la diagonale, soit 1/4 moins grande qu'en R et T.

Si, par les points R, S, T, on fait passer une courbe prolongée jusqu'à la rencontre de l'ombre naturelle du fût en U, on aura la forme de l'ombre portée, du filet sur ce fût.

4° Enfin, *tracer l'ombre naturelle et les ombres portées de l'astragale.*

Ces opérations étant les mêmes que celles décrites ci-dessus, il sera inutile de se servir du plan pour les tracer; il suffira de procéder ainsi qu'il va être expliqué pour les mêmes moulures de la figure 3.

Figure 3. — COMPLÉMENT DU TRACÉ DES OMBRES D'UN CHAPITEAU.

Demander aux élèves de dessiner, sans le secours du plan :

1° *l'ombre portée du tailloir sur le fût,* par la ligne de 45 degrés prolongée jusqu'à l'axe, et complétée avec le compas par un arc de cercle d'un rayon égal à celui du cylindre, et s'arrêtant à l'ombre naturelle tracée aux 3/10e du rayon ;

2° *L'ombre naturelle du quart de rond,* en traçant un carré, ainsi que sa diagonale, sur le profil à gauche, et rapportant sur l'axe du chapiteau une hauteur d'ombre égale à celle trouvée sur ce profil; fixant ensuite les 3/10e du grand rayon, en contact avec le tailloir en N; enfin, sur la diagonale de gauche (*ou aux trois dixièmes du rayon, pris à la hauteur du point de tangence* B).

____

(1) L'ombre sur la diagonale en O, sera un tiers moins haute qu'en N.

diminuant d'un tiers la hauteur de l'ombre trouvée sur le profil, on aura les quatre points par où doit passer l'ombre cherchée ;

3° *L'ombre portée par l'ombre naturelle du quart de rond sur le filet, ainsi que l'ombre portée par ce filet sur le fût.* Ces deux tracés se font par les mêmes moyens, savoir : donner sur le profil de gauche une hauteur d'ombre égale à la saillie du corps qui la projette, moins les fractions indiquées précédemment ; reporter cette même hauteur sur l'axe de la colonne ; revenant ensuite sur la diagonale de gauche ou aux 3/10ᵐ du rayon, donner à cette ombre les trois quarts de celle déjà trouvée, ou 1/4 en moins. Faisant alors passer une courbe par ces trois points, en la prolongeant sur le filet, jusqu'à la rencontre de la ligne inférieure du même filet, et sur le fût, jusqu'à l'ombre naturelle de ce fût, on aura tracé les deux ombres portées ;

4° Les *ombres de l'astragale.* Ces ombres étant les mêmes, seront développées par les mêmes moyens.

Ces opérations, basées sur les leçons précédentes, étant terminées, il s'agit, pour compléter la figure, de trouver la forme de l'ombre portée par le tailloir sur le quart de rond et sur le filet.

EXEMPLE

Du point de tangence B, pris sur le quart de rond, si l'on abaisse une verticale sur le diamètre parallèle OV en plan, on tracera la course de l'ombre naturelle du quart de rond A′, C′, E, K, ainsi que cela a été expliqué à la figure 2.

Du point C donné en élévation par l'intersection de la ligne de 45 degrés, ou ombre portée du tailloir, avec l'ombre naturelle du quart de rond, si l'on abaisse une verticale sur l'ombre naturelle du quart de rond en plan, on aura le point C′.

Si, de ce point C′ en plan, on mène la parallèle C′ D, et que de D l'on abaisse la verticale DE jusqu'à l'ombre naturelle, on aura le point E, distant du diamètre perpendiculaire LM, comme le point C′ l'est du diamètre parallèle LO.

Reste à démontrer que le point K, en plan, est éloigné du diamètre LM comme E.

Si l'on trace, en élévation, le retour de l'ombre naturelle en arrière du quart de rond (1) jusqu'à la ligne de 45 degrés AC, soit en P, et que, de ce point de rencontre, l'on abaisse une verticale

____

(1) Ainsi que cela a été démontré à l'ombre naturelle du tore, pl. 20, fig. 1ʳᵉ.

sur le plan, jusqu'à l'ombre naturelle en P', prolongée en arrière
du diamètre parallèle OL, on trouvera que ce point P' est éloigné
du diamètre A', comme le point C' trouvé précédemment : en
d'autres termes, que A' P' est égal à A' C'.

La diagonale NL en plan, divisant le triangle QNB en deux parties égales (*puisqu'elle est perpendiculaire à la base* QB *et forme
avec elle deux angles droits*), il en résulte que le côté NB de la
figure est éclairé comme le côté NQ; d'où il faut conclure que
l'ombre en E et K doit avoir la même forme et les mêmes dimensions que celles trouvées en C P'. En conséquence, il suffira, pour
déterminer la dimension EK, de prolonger C' D jusque sur la
deuxième diagonale du carré en G, et des points D,G, abaisser
deux verticales sur l'ombre naturelle du tore, pour obtenir
E et K.

Chercher alors en plan les points A', A''', donnés en élévation,
sur le profil de gauche, par la rencontre de la ligne de 45 degrés
avec le quart de rond en A, et sur l'axe du chapiteau en A''' par
une parallèle au tailloir passant par le point A; puis, abaissant
une verticale sur le diamètre OL, on aura le point A', que l'on
reportera sur le diamètre LM en A'' : ce qui complétera sur chaque
diamètre les trois points P', A', C', et E, A'', K, par où doivent
passer les courbes donnant en plan la forme de l'ombre portée par
le tailloir sur le quart de rond. Pour trouver cette forme sur la
face du chapiteau en élévation, on relèvera les points E,K sur
l'ombre naturelle du quart de rond en E', K'; enfin, traçant des
points C', E en plan et de E' en élévation des fractions de lignes
à 45 degrés, on dessinera les trois courbes passant en plan par
les points P', A', C' — E, A'', K, et, en élévation, par E', A''', K'.

*Si les opérations qui précèdent ont été faites exactement, on doit
obtenir le résultat suivant, qui complète le tracé des ombres, et lui
sert de vérification :*

Du point R, donné par la rencontre des ombres portées du
filet et du tailloir sur le fût, relevant une ligne de 45 degrés
jusque sur le filet, on aura trouvé le point S où ce filet commence
à être éclairé.

De ce point S, si l'on trace une fraction de cercle SU, d'une ouverture de compas égale au rayon du filet, jusqu'à l'ombre portée
par l'ombre naturelle du quart de rond sur ce même filet, soit
en U, on relèvera de ce point une nouvelle ligne de 45 degrés sur
l'ombre naturelle de ce même quart de rond : l'intersection E',

trouvée par cette deuxième ligne de 45 degrés, doit être la même que celle donnée précédemment par la verticale relevée du point E en plan.

Il faut conclure de ce qui précède : 1° *que* la fraction éclairée ABC, trouvée sur le profil du quart de rond par l'ombre portée du tailloir et l'ombre naturelle de ce quart de rond, a servi à déterminer son développement sur la face du chapiteau en E', A''', K'; 2° *que* la rencontre des ombres portées du tailloir et de l'ombre naturelle du quart de rond, a donné le moyen de trouver les fractions éclairées sur la face et sur le profil du filet; 3° *que* la silhoutte des ombres sur le fût de la colonne participe de l'ombre portée par le tailloir, et de celle portée par le filet; enfin, *que* leur intersection ou point R sert à vérifier l'exactitude des opérations précédentes, et sera utilisée dans les chapitres suivants à trouver le complément des ombres d'un chapiteau dessiné perspectivement.

CHAPITRE XXIX.

—

PLANCHE XXIII.

—

OMBRES TRACÉES SANS PROJECTIONS.

La méthode dont j'ai commencé l'application dans les chapitres précédents, et que je vais résumer dans les chapitres suivants, présente aux élèves le double avantage de ne pas exiger des connaissances préliminaires en géométrie descriptive, et leur donne le moyen de tracer avec une très-grande rapidité les ombres des dessins perspectifs les plus compliqués, avec une exactitude telle qu'on ne pourrait obtenir un résultat meilleur en faisant l'application rigoureuse de la théorie.

Cette méthode permet au professeur de terminer, dans l'année scolaire : 1° le résumé du dessin perspectif et géométral ; 2° le complément des éléments de géométrie et de perspective linéaire ; 3° l'étude des ombres et du lavis ; 4° enfin, l'exercice du croquis, ce qui serait matériellement impossible par les moyens ordinaires, car l'étude seule des ombres absorberait les cent soixante heures employées aux études préparatoires des concours pour lesquels sont réservés les trois derniers mois de l'année.

PLANCHE XXIII.

Figure 1re. — *Un chapiteau, dessiné géométralement, étant donné, tracer les ombres portées et les ombres naturelles sans employer les projections.*

EXEMPLE.

Trouver : 1° L'*ombre portée du tailloir* sur le fût par la ligne de 45 degrés menée jusqu'en B, et par la portion de cercle CDE s'arrêtant à l'ombre naturelle du fût, donnée elle-même par les trois dixièmes du rayon du cylindre;

2° L'*ombre naturelle du quart de rond*, en déterminant le point de tangence K par une diagonale menée de son centre à l'angle du carré dans lequel il est inscrit, et reportant sur l'axe en L une hauteur égale à celle trouvée au point K. Prenant ensuite les 3/10es du grand cercle en contact avec le tailloir, soit en M; on aura le quatrième point N (*pris également aux* 3/10es *du rayon* KL *sur la diagonale à gauche*), en diminuant d'un tiers la hauteur de l'ombre trouvée sur le profil en K : la courbe passant par ces quatre points KNLM donnera l'ombre cherchée;

3° L'*ombre portée sur le filet* par l'ombre naturelle du quart de rond, en traçant sur le filet une hauteur d'ombre O égale à la saillie de l'ombre naturelle moins 1/10me; en reportant cette même hauteur sur l'axe en P; enfin, en réduisant cette ombre d'un tiers au point Q pris sur la diagonale ou aux 3/10es du rayon OP : la courbe passant par ces trois points devra être prolongée jusqu'à la rencontre de la ligne inférieure du filet;

4° L'*ombre portée du filet sur le fût*, en plaçant sur ce fût une hauteur d'ombre Y égale à la saillie de ce filet (*moins* 1/30me). Reportant alors sur l'axe en Z la hauteur trouvée sur le profil, puis réduisant d'un quart cette même hauteur pour connaître le point X pris sur les 3/10es du rayon YZ, on fera passer une courbe par les trois points Y, X, Z, en la prolongeant dans une même direction jusqu'à l'ombre naturelle du fût en S.

Ce travail préparatoire étant achevé, il reste à déterminer les fractions éclairées du filet et du quart de rond.

Se rappelant les moyens employés à la planche 22, figure 3, pour vérifier le tracé obtenu par le plan sur le quart de rond et le filet, il sera facile de comprendre que ces mêmes moyens peuvent servir à trouver la forme de l'ombre portée par le tailloir sur ce quart de rond et sur ce filet.

En effet, si du point 2, donné par l'intersection des ombres portées sur le fût par le tailloir et le filet, on relève une ligne de 45 degrés jusque sur ce filet, on aura trouvé le point 3 d'où partira la courbe parallèle à l'ombre portée du tailloir sur le fût, pour s'arrêter au point 4 sur l'ombre portée par l'ombre naturelle du quart de rond. Enfin, si de ce point 4 on trace une nouvelle ligne de 45 degrés on rencontrera l'ombre naturelle au point 5, où le quart de rond commence à être éclairé. Reportant alors sur l'ombre naturelle la distance 5L en LT, et plaçant sur l'axe en V une hauteur égale à celle trouvée sur le profil de gauche par la saillie du tailloir sur le quart de rond, on aura trouvé les trois points 5, V, T, par où doit passer la courbe donnant la forme de l'ombre portée par le tailloir sur la face du chapiteau.

Quant aux parties éclairées trouvées sur le profil à gauche du chapiteau, elles sont données par l'intersection de la ligne de 45 degrés avec l'ombre naturelle du quart de rond, et l'ombre portée sur le filet par cette ombre naturelle.

L'astragale se composant des mêmes formes que les moulures circulaires du chapiteau, les ombres en seront tracées par les moyens qui viennent d'être développés.

OMBRES D'UNE BASE A PLAN CIRCULAIRE.

Développer l'ombre naturelle du tore ainsi qu'on l'a enseigné plus haut.

Tracer l'ombre naturelle du fût aux 3/10ᵉˢ du rayon jusqu'à la naissance de la gorge en A ; prenant ensuite la sixième partie de la saillie du filet en B, tracer la courbe AB.

Placer l'ombre naturelle du filet aux 3/10ᵉˢ du rayon, soit en C ; puis, projetant sur l'ombre naturelle du tore les 2/5ᵉˢ du rayon de ce tore, on aura le point D, où aboutira la courbe partant du point C et donnant l'ombre portée du filet.

Figure 2. — *Un chapiteau et une base dessinés géométralement étant supposés dans l'ombre, il est demandé de déterminer les ombres portées et les ombres naturelles données par le reflet du rayon lumineux.*

NOTA. — Le tracé de la base ayant été développé au chapitre 27, planche 21, figure 2, nous n'y reviendrons pas.

OMBRES DU CHAPITEAU.

Dessiner : 1º L'ombre naturelle du fût et des filets par les

3/10ᵐ du rayon de reflet se dirigeant de bas en haut et de droite
à gauche;

2° L'ombre naturelle de la baguette de l'astragale par quatre
points;

3° L'ombre portée de la baguette sur le fût, en la continuant
dans la gorge ainsi qu'il a été expliqué à la base (*figure* 1ʳᵉ);

4° Enfin, prenant les 3/10ᵉˢ du quart de rond en A et le point
de tangence en B, tracer la ligne AB.

CHAPITRE XXX.

PLANCHE XXIV.

APPLICATION DU TRACÉ DES OMBRES AUX DESSINS PERSPECTIFS.

OBSERVATIONS.

Les élèves étant placés autour du modèle à dessiner, il en résulte qu'ils le voient tous d'une manière différente; d'où dérive
cette conséquence, que les ombres apparentes varient de forme
pour chacun d'eux.

Fallait-il faire tracer ces ombres telles qu'elles se montrent à
chaque élève (*ainsi, du reste, que cela se pratique dans les écoles
lorsqu'on dessine d'après nature*), ou convenait-il de soumettre le
tracé des ombres à une règle commune pour tous, sans se préoccuper des apparences?

Je n'ai point hésité à adopter ce dernier parti, car il a l'incontestable avantage d'élaguer l'incertain et de conduire franchement
à l'application des principes de la science, qu'il ne s'agissait plus
alors que de réduire à leur plus simple expression, ainsi que je
l'ai fait dans les chapitres précédents pour les dessins géométraux.
Mais là se présentait une nouvelle difficulté, qui n'a pu être sur-
montée qu'en admettant une licence, consistant à faire varier
l'ombre portée par le tailloir d'un chapiteau, en maintenant le
principe rigoureux pour l'ombre naturelle du cylindre.

Les élèves étant placés autour d'une colonne, il est facile de
comprendre que le développement des surfaces verticales du tailloir du chapiteau varie pour chacun d'eux; d'où il résulte qu'en
prenant la diagonale de ce tailloir comme direction du rayon lu-

mineur, il faudrait faire suivre aux ombres du cylindre et des moulures un mouvement égal à celui donné par le tailloir; dès lors la plupart du temps mettre dans l'ombre le quart, le tiers, et jusqu'à la moitié du diamètre de ce cylindre : ce qui deviendrait une chose fâcheuse comme effet général, dans un dessin d'ensemble, et plus fâcheuse encore pour notre enseignement, car ce serait rompre l'unité qui doit en être la base.

L'application rigoureuse de la science aux dessins perspectifs, faite dans les conditions que nous venons d'indiquer, conduirait donc à un résultat général déplorable comme aspect. Au contraire, si l'on admet la licence dont il vient d'être parlé, laquelle consiste à maintenir l'ombre naturelle du fût aux $3/10^{es}$ du rayon, tout en faisant varier l'ombre portée par le tailloir, on obtient constamment un effet général satisfaisant, en déviant si peu des principes, que les hommes les plus compétents ne s'aperçoivent que cette licence a été employée dans un dessin d'ensemble, que lorsqu'on la leur fait remarquer.

Cette licence ne faisant qu'améliorer les résultats généraux sans nuire essentiellement à la vérité, puisqu'elle est imperceptible à l'application, j'ai dû l'adopter comme un des éléments de mon enseignement.

Une autre licence est encore admise pour les ombres portées des corps ronds sur les corps ronds. Elle consiste à tracer la hauteur de l'ombre égale à la saillie du corps qui la projette, sans se préoccuper du développement plus ou moins grand que peut produire la position de la ligne d'horizon, qui, effectivement, donnerait une hauteur apparente plus forte que la saillie du corps, si le principe pouvait être rigoureusement appliqué.

Mais, il faut bien le dire, cette différence est si faible que le crayon pourrait à peine la déterminer. Cependant, le plus ou moins de développement obtenu dans les moulures pourrait servir de base pour l'addition à faire à la hauteur de l'ombre, si, par circonstance, cela devenait praticable avec un dessin établi sur une grande échelle.

Ces explications données, je vais résumer les moyens de tracer en quelques minutes les ombres d'un chapiteau et d'une base aussi exactement qu'on pourrait le faire par l'emploi de la géométrie descriptive, qui exigerait un temps considérable, et deviendrait, en définitive, inapplicable à des dessins perspectifs de formes compliquées; car alors il faudrait une multitude d'opérations très-

longues, basées sur des connaissances géométriques que nos
élèves ne possèdent pas, et qu'en général ne peuvent posséder la
plus grande partie des dessinateurs.

PLANCHE XXIV.

Figure 1re. — *Un chapiteau-colonne étant donné, ainsi que sa base,
en dessiner les ombres portées et les ombres naturelles.*

CHAPITEAU.

1° *Tracer l'ombre naturelle du quart de rond* par le point de
tangence A trouvé sur le profil et rapporté sur l'axe en B ; prenant
alors les 3/10es du rayon AB, placer en K les 2/3 de la hauteur
trouvée en A ; enfin, remontant au grand cercle en contact avec
le tailloir, mettre le point D aux 3/10es du rayon. Ces quatre points
A, K, B, D étant trouvés, tracer l'ombre cherchée ; son mouvement participera du développement plus ou moins grand des
courbes du chapiteau, dès lors variera suivant ce développement ;

2° *Tracer l'ombre portée du filet sur le fût*, en prenant sur le
profil à gauche une hauteur d'ombre égale à la saillie du filet sur
le fût moins 1/30es ; reportant ensuite cette même hauteur sur
l'axe en S, et lui donnant un quart en moins, aux 3/10es du rayon
en T, on fera passer la courbe par les trois points R, T, S, pour la
prolonger dans une même direction jusqu'à l'ombre naturelle du
cylindre en U ;

3° *Tracer l'ombre portée sur le filet, par l'ombre naturelle du
quart de rond*, en procédant comme pour le filet ; avec cette
différence, cependant, que la hauteur de l'ombre à sa naissance
n'aura que le dixième en moins de la saillie de l'ombre naturelle
qui la projette.

*Je rappelle que ces différences deviennent si imperceptibles pour
un dessin général, dont les colonnes ont un faible diamètre, qu'il
est inutile de s'en préoccuper. Il suffira donc, à l'application, de
donner aux ombres projetées par des courbes une hauteur égale à
la saillie des corps qui les projettent ;*

4° *Tracer l'ombre portée du tailloir sur le fût* par une ligne
de 45 degrés partant de X, et venant rencontrer en G les 3/10es
du rayon de ce fût ; cette ligne, prolongée jusqu'à l'axe en N,
donne celle GN égale au rayon du cylindre.

Si l'on reporte de N en M sur l'axe, et de N en L sur l'ombre naturelle du fût, deux dimensions égales (*ou rayons égaux*) à NG, on fera passer, en la ponctuant, la courbe donnant l'ombre portée du tailloir.

Mais l'angle O du tailloir s'étant rapproché de l'axe du chapiteau des trois quarts de la dimension apparente de la demi-diagonale à droite, le point G de l'ombre portée par ce tailloir a dû se rapprocher sur le côté gauche du cylindre dans un rapport égal, c'est-à-dire des trois quarts de la grandeur GQ. D'où il résulte que, pour trouver la nouvelle forme de l'ombre à son départ, il devient nécessaire de tracer la totalité de cette ombre portée, comme si l'ombre naturelle du cylindre devait en suivre le mouvement. Donc, en divisant en quatre parties égales la dimension GQ, ainsi que l'espace compris entre l'axe et l'ombre naturelle du fût, et prenant P pour point de départ et 8 pour point d'arrivée, il faudra diviser l'espace compris entre ces deux points P et 8 en deux parties égales ; puis, rapportant verticalement sur le milieu 9 une hauteur d'ombre portée égale à celle trouvée sur l'axe, on tracera la courbe P, M', 8, donnant la véritable forme de l'ombre portée par le tailloir, ombre dont la naissance seule s'utilise, le surplus étant caché par celle projetée du filet sur le fût (1).

Ce mouvement de l'ombre portée change la direction de la ligne à 45 degrés ramenée en XP, et donne sur le profil du quart de rond la dimension réduite de la partie éclairée, que nous allons chercher sur la face de cette moulure.

5° *Compléter le tracé des ombres de ce chapiteau en cherchant la partie éclairée sur la face du quart de rond, ainsi que sur le filet.*

Si de l'intersection 2, obtenue par la rencontre des ombres portées par le tailloir et le filet, on relève jusque sur ce filet une ligne de 45 degrés parallèle à la dernière direction donnée par le mouvement de l'ombre du tailloir sur le fût, et que du point 3 on trace une courbe parallèle à la nouvelle ombre portée par ce tailloir jusqu'à l'ombre portée sur le filet, soit au point 4, il faudra tracer une deuxième ligne de 45 degrés parallèle à la première jusqu'à la rencontre de l'ombre naturelle du quart de rond en 5.

<hr>

(1) Si l'ombre du tailloir devait être apparente dans toute sa longueur, une tangente passant par les points M', M compléterait la courbe P, M', M, 8, donnée par l'adoption de la licence indiquée précédemment.

Pour obtenir la largeur apparente de la partie éclairée sur cette face du tailloir, il faut du point C, pris sur le milieu de cette même face, construire un parallélogramme d'autant plus réduit sur sa largeur qu'il se rapprochera davantage du centre, en s'éloignant du profil géométral du quart de rond inscrit sur la gauche dans un carré parfait.

En effet (*figure* 4), le profil AB est un quart de cercle tracé géométralement : tandis que ce même profil CD, pris sur l'axe, est représenté par une ligne droite verticale : d'où il faut conclure que, dans les points intermédiaires, ce même profil doit se développer proportionnellement à ces deux bases, suivant la position qu'il occupe. Ainsi, le profil pris en E' (*élévation*) étant les $4/11^{es}$ du rayon A'C', le parallélogramme, dans lequel doit se développer le profil réduit E'G', devra être les $4/11^{es}$ du profil géométral A'B' : effectivement, si l'on vérifie cette opération par le plan, on trouve que la projection du profil en EG donne EM', qui, rapporté sur le profil géométral de gauche AB, soit en MB, donne bien un profil réduit aux $4/11^{es}$ du profil géométral AB ; d'où découle la proportion suivante : E'C' est à A'C' (*en élévation*) comme MB est à AB (*sur le profil de gauche en plan*), ou comme 4 est à 11, soit les $4/11^{es}$.

Si le profil devait être tracé en K (*plan*), son développement serait établi dans le rapport de la place occupée par le profil K' *en élévation*, relativement à la grandeur du rayon A'C'; on formulerait alors la proportion suivante : K'C' est à A'C' (*en élévation*) comme KN est à AB (*en plan*).

Il faut conclure de ce qui précède que, prenant le milieu du côté éclairé du tailloir d'un chapiteau, soit en C (1), il suffit, pour connaître le développement à donner au quart de cercle à ce point C, de comparer la distance qui existe entre XC et CZ, pour ensuite diviser le profil géométral en X dans un rapport proportionnel. Ainsi, dans cette figure 1re, l'écartement XC étant égal à CZ, ou moitié du rayon XZ, le profil développé en C n'a que la moitié de la largeur du profil géométral en X.

Dans la figure 2, le point C étant au tiers de XZ, le parallélogramme dans lequel se développe le profil en C n'a que le tiers de la largeur du profil géométral en X.

---

(1) On peut ici faire une objection, et dire que le milieu perspectif ne peut être le milieu réel de la face développée du tailloir : cela est vrai en théorie, mais, à l'application chercher cette différence serait puéril, car elle est inappréciable.

Ce principe bien établi, je vais indiquer le moyen de l'utiliser pour terminer le tracé des ombres de ce chapiteau.

Figure 1re. — Si l'on construit au point C un parallélogramme C, C' moitié du profil géométral en X, et qu'on y dessine un quart de cercle réduit, cette courbe coupera en V l'ombre naturelle du quart de rond, dès lors déterminera l'écartement 5 V; puis, donnant à V 6 une dimension égale à V 5, et une hauteur d'ombre en C égale à celle trouvée sur le profil en X par la ligne de 45 degrés, on tracera la courbe 5, C, 6.

Pour éviter des répétitions, je crois ne pas devoir m'occuper des ombres de l'astragale.

BASE.

Figures 3 et 3 bis.

Tracer l'ombre naturelle du fût aux 3/10ᵉˢ du rayon, en la complétant par l'ombre de la gorge qui se dessine du point A au point B pris aux 5/6ᵉˢ de la saillie du filet, ou 1/6ᵉ en retraite.

Tracer l'ombre naturelle du tore par les cinq points E, G, K, N, M, pris sur les profils, sur l'axe et sur les diagonales, ainsi qu'il a été expliqué déjà plusieurs fois.

Tracer l'ombre naturelle du filet également aux 3/10ᵉˢ du rayon, ainsi que son ombre portée sur le tore, en partant du point C et arrivant au point D donné sur l'ombre naturelle par la verticale, passant aux 2/5ᵉˢ du rayon du tore ou aux 3/5ᵉˢ en saillie sur le filet.

Tracer l'ombre portée du tore sur le socle. Si l'on consulte le plan de la figure 1re de la planche 24, on reconnaîtra que l'ombre portée du tore coupe le côté du carré aux 3/5ᵉˢ, soit les 3/10ᵉˢ de la totalité du socle. Partant de cette donnée et nous appuyant de ce qui a été expliqué pour le chapiteau, page 238, en parlant du mouvement du tailloir, nous dirons : Si nous supprimons les 3/10ᵉˢ de la partie fuyante du socle (*pl.* 24, *fig.* 3); si nous divisons en quatre parties ce qui nous reste du socle; si nous faisons subir à cette ombre portée le mouvement de l'angle A rapproché des 3/4 sur l'axe de la base; enfin, si, menant une tangente au tore, nous la dirigeons au point B, nous aurons tracé, non rigoureusement, mais assez exactement pour un dessin pittoresque, l'ombre portée du tore sur le socle d'une base de colonne dessinée perspectivement.

CHAPITEAU-COLONNE.

Figure 2.

Les ombres de ce chapiteau ne diffèrent de celles tracées à la figure 1re que par le mouvement de l'angle du tailloir.

Ainsi, l'angle O divisant en deux la demi-diagonale de droite, l'ombre portée sur le fût par l'angle A n'a varié que de la moitié de QG.

Quant au profil établi en C (ou milieu de la face du tailloir), j'ai déjà dit qu'il devait être tracé dans le rapport de CZ comparé à XZ ; que, dès lors, le point V, trouvé sur l'ombre naturelle du quart de rond par ce profil, et le point 5 par les lignes de 45 degrés relevées de l'intersection donnée par les ombres portées du tailloir et du filet, permettaient de déterminer le point 6 ; donc, de tracer la courbe apparente de l'ombre du tailloir sur le quart de rond.

Il est nécessaire de faire remarquer aux élèves que cette partie éclairée du quart de rond est d'autant plus grande, que le chapiteau se voit plus parallèlement ; enfin, qu'elle est d'autant plus étroite que l'angle O se rapproche davantage de l'axe de la colonne.

RÉSUMÉ DES MOYENS EMPLOYÉS POUR LE TRACÉ DES OMBRES.

1° L'ombre naturelle d'un cylindre se place aux 3/10es de son rayon ;

2° La partie la plus éclairée d'un cylindre se trouve aux 3/10es du rayon, sur le côté opposé à l'ombre naturelle ;

3° L'ombre naturelle d'un quart de rond, prise sur la diagonale de gauche, ou, ce qui revient au même, aux 3/10es du rayon, diminue de hauteur, et se réduit aux 2/3 de celle trouvée sur le profil, par le point de tangence reporté parallèlement sur l'axe ;

4° L'ombre portée par cette ombre naturelle sur le filet placé au-dessous, diminue également d'un tiers sur la même diagonale ;

5° L'ombre portée par le filet sur le cylindre, donne sur l'axe une hauteur d'ombre égale à celle trouvée sur le côté du cylindre ; cette ombre, prise sur la diagonale, diminue d'un quart ou se réduit aux 3/4 de la hauteur trouvée sur le profil ;

6° Le point d'où part la ligne de 45 degrés, déterminant la

hauteur de l'ombre portée d'un corps rond sur un cylindre, est toujours en retraite de la partie la plus saillante du corps projetant l'ombre : cette retraite varie suivant la saillie de ce corps, comparée au diamètre du cylindre. Ainsi, pour un chapiteau, la retraite sur l'ombre naturelle du quart de rond est d'*un dixième*; sur l'ombre naturelle de la baguette de l'astragale, elle se réduit à *un trentième* (sur le tore de la base, elle est d'*un douzième*); enfin, sur le filet, elle est également d'un trentième : donc, pour un dessin préparé sur une faible échelle, cette retraite est si faible qu'il devient inutile de s'en occuper, et qu'il suffit, dans ce cas, de donner à l'ombre portée une hauteur égale à la saillie du corps qui la projette;

7° L'ombre portée par le tailloir d'un chapiteau varie suivant le développement proportionnel des deux faces apparentes de ce tailloir; ce qui revient à dire que, si l'angle divisant ces deux faces s'est rapproché de l'axe, du quart, du tiers ou de la moitié de la demi-diagonale de ce tailloir, son ombre portée se rapprochera sur le côté gauche du cylindre de 1/4, 1/3, 1/2, de sa position première trouvée sur le point de tangence ou $3/10^{es}$ du rayon;

8° La rencontre des ombres portées par le tailloir et le filet étant relevée sur ce filet, et de ce filet sur l'ombre naturelle du quart de rond, par des lignes à 45 degrés, tirées parallèlement à la déviation de l'ombre du tailloir, on obtient la naissance de la partie éclairée sur la face du quart de rond, dont le complément est donné par la construction du profil partant du milieu de la face éclairée du tailloir, et se renfermant dans un parallélogramme réduit, suivant la place occupée par ce profil;

9° L'ombre de la gorge à la base du fût d'une colonne part de l'ombre naturelle de ce fût prise à la naissance de la gorge, et se termine aux $5/6^{es}$ de la saillie totale du filet sur le fût;

10° L'ombre portée par le filet sur le tore d'une base, rencontre l'ombre naturelle de ce tore aux $3/5^{es}$ de la saillie totale de ce même tore.

ENSEIGNEMENT DU DESSIN,

MÉTHODE DUPASQUIER.

LIVRE VI.

ETUDE DU LAVIS.

CHAPITRE XXXI.

L'enseignement du lavis, tel qu'il se fait habituellement (1), était impraticable dans une école où le temps est limité et le nombre des élèves considérable; il fallait donc que le professeur trouvât un nouveau mode d'enseignement plus simple, plus rationnel, qui, procédant par analyse, fût applicable aux dessins faits d'après nature.

En conséquence, m'inspirant de la nécessité, j'organisai l'enseignement suivant, qui consiste principalement :

1° A ne jamais faire copier un lavis, mais à procéder par le raisonnement;

2° A laver sur des dessins faits au crayon d'après nature, en supprimant complètement l'emploi de la plume et du tire-ligne, comme exigeant beaucoup plus de temps et donnant, en définitive, un résultat moins heureux (2);

3° A limiter le nombre et à régler l'emploi des teintes du lavis pour couper court, dès le début, à la fâcheuse habitude de fondre les teintes, habitude que les élèves n'ont que trop de tendance à prendre, et qui les conduit naturellement à laver par tâtonnement, dès lors à alourdir leur lavis;

4° Enfin, à remplacer les modèles lavés par une démonstration pratique, qui consiste à faire réunir autour du professeur les élèves d'une section, pour laver devant eux *quelques moulures* de la planche 25, et, plus tard, *une fraction* d'un dessin fait d'après relief, en leur rappelant verbalement les principes développés dans les chapitres suivants.

(1) Il consiste à faire copier des dessins lavés.

(2) Un lavis fait sur un dessin au crayon est généralement plus harmonieux, et présente plus de difficultés d'exécution que celui fait sur un dessin passé à l'encre.

Cette démonstration pratique et théorique a l'avantage de frapper les yeux en même temps que l'intelligence, dès lors aide puissamment le professeur à obtenir de l'ensemble des élèves un résultat satisfaisant, but auquel tendent tous nos efforts, car il nous paraît préférable à celui de ne former que quelques sujets d'élite.

NOTIONS PRÉLIMINAIRES.

Le *papier pour lavis* doit être bien collé; il faut rejeter celui qui devient transparent, même fractionnellement, lorsqu'on le mouille avec l'éponge.

La meilleure encre de Chine a une teinte roussâtre, et dépose peu dans le godet.

On prépare l'encre de Chine dans un godet plat, en ayant la précaution de ne pas laisser le bâton tremper dans l'eau, et le soin de le sécher avant de le mettre dans l'étui.

Lorsque la teinte est assez foncée, on la transvase dans l'un des godets creux, en laissant le dépôt au fond du godet plat; puis, plaçant avec le pinceau une fraction de cette teinte dans le deuxième godet, on l'étend d'eau dans la proportion d'une à cinq. La teinte foncée sert alors à modeler les ombres, et la teinte claire à modeler les parties éclairées du dessin (1).

Une fois les teintes préparées, on ne doit jamais les remuer pour s'en servir, car le dépôt qui se forme au fond des godets se fixerait au pinceau et tacherait le lavis. En outre, comme la partie grasse de l'encre surnage, il convient, chaque fois que l'on trempe le pinceau dans une teinte, de l'essuyer légèrement sur son garde-main.

Lorsque l'encre de Chine a séché dans le godet, elle ne peut plus être utilisée.

La gomme élastique doit être employée légèrement et le plus sobrement possible; car, si l'on en abuse, ou si l'on frotte trop fort, elle écorche ou graisse le papier, et nuit essentiellement à la réussite du lavis (2).

On se sert également du pain rassis pour nettoyer un dessin achevé, en l'émiettant et le roulant légèrement sur le papier avec le creux de la main.

(1) Lorsqu'on veut obtenir une teinte très-pure, on la verse dans un papier gris, dont les bords ont été relevés, pour la remettre ensuite dans un godet propre. (Voir, pour la valeur de ces deux tons, la *planche* 39.)

(2) On ne doit jamais conserver la gomme élastique dans sa main; il faut, en outre, avoir le soin de la frotter sur son garde-main avant de s'en servir.

Le pinceau doit être d'une grosseur moyenne, former une pointe ferme et non tordue. On ne doit jamais le porter à la bouche pour le sucer, car on le graisserait, et, par ce fait, on nuirait à la transparence du lavis, ainsi que je l'expliquerai plus loin (1).

L'éponge doit être douce et sans grains, pour ne pas nuire au papier. Elle est utilisée : 1° à mouiller le papier avant de le coller, en ayant le soin de le passer plusieurs fois jusqu'à ce que le papier, perdant toute force, tombe sur la planche ; 2° à nettoyer le dessin à grande eau et sans le frotter, avant de commencer le lavis, afin d'enlever les corps gras qui auraient pu s'y fixer par le contact des mains et des instruments ; 3° à passer une eau claire sur un lavis déjà avancé, pour en faire disparaître la crudité et mettre de l'harmonie entre les teintes ; 4° enfin, à enlever les taches résultant d'erreurs ou d'accidents.

La colle à bouche sert à fixer le papier sur la planche. Lorsque le papier est suffisamment mouillé, il faut placer la colle aux quatre angles de la feuille, sur cinq millimètres de largeur seulement, et frotter fortement avec l'ongle ; recommencer alors sur le milieu des quatre côtés, ainsi que dans les intervalles ; puis attendre, avant d'achever le collage de la feuille, que le papier se tende, pour éviter les plis qui se formeraient inévitablement sans cette précaution (2).

Les couleurs sont terreuses ou laqueuses : d'où il résulte que, pour les employer, il convient de les remuer avec le pinceau chaque fois qu'on le plonge dans les teintes, afin de les obtenir toujours égales de ton.

Il convient encore de ne jamais porter le pinceau à la bouche, beaucoup de couleurs ayant un principe vénéneux.

Les couleurs laissées dans les godets peuvent être utilisées de nouveau, en les rebroyant avec le pinceau trempé dans l'eau.

L'eau d'alun se passe avec l'éponge (ou le pinceau) sur le papier fatigué par la gomme élastique, ou de qualité secondaire. Cette eau fait disparaître, ou du moins atténue les altérations causées par le frottement, et empêche le papier de boire ; en outre, elle

(1) Lorsqu'on veut enlever une partie de la teinte contenue dans le pinceau, il faut l'appuyer sur le bord du godet, ou, si le temps presse, aspirer fortement sans le toucher avec les lèvres, ou enfin l'essuyer rapidement sur le garde-main.

(2) Il est bon de faire remarquer qu'en agissant ainsi, la feuille est tendue également, dès lors ne peut se déchirer ni se goder ; il faut ajouter qu'un collage inégal ferait voiler la planche.

fixe le dessin sur le papier, de telle sorte qu'on peut passer l'eau sur son lavis sans en altérer le trait (1).

PLANCHE XXV.

LAVIS DES MOULURES.

Le dessin des moulures, ainsi que le tracé des ombres, étant préparé au crayon suivant les indications données à la planche 18; enfin, les deux teintes d'encre de Chine étant prêtes, il faudra procéder comme il suit :

1° Passer une teinte claire sur les ombres portées et les ombres naturelles des figures éclairées 5, 6, 7 et 8 (2);

2° Passer trois teintes semblables sur la totalité des moulures, en réservant les clairs sur les angles des surfaces planes, et plaçant ces teintes en retraite les unes des autres sur les corps ronds, en ayant le soin de diminuer graduellement les intervalles entre eux;

3° Prenant alors la teinte foncée, indiquer les ombres portées tracées aux points A et B dans les figures 1 et 4; puis, avec la même teinte, couvrir les quatre figures 1, 2, 3 et 4. Enfin, procédant comme il a été expliqué pour la teinte claire, placer trois teintes successives sur la totalité de ces figures, en réservant des clairs sur les angles opposés au rayon de reflet, et plaçant ces teintes en retraite sur les corps ronds.

Il est inutile de réserver un clair sur les arêtes des corps, lorsque ces arêtes sont en contact avec une partie reflétée; comme, par exemple, le filet de la doucine (*fig.* 1re), celui du quart de rond (*fig.* 2); enfin, le filet supérieur de la gorge (*fig.* 4);

4° Revenant aux moulures éclairées (*fig.* 5, 6, 7 et 8), employer la teinte foncée pour la placer trois fois sur les ombres portées seulement, en ayant le soin de les mettre en retraite sur les corps cylindriques;

5° Terminer le modelé des ombres naturelles avec deux teintes claires, placées sur les corps ronds.

Cette manière de procéder, quoique différant un peu de ce qui

---

(1) L'eau d'alun se prépare en jetant dans un verre d'eau quelques grammes d'alun pulvérisé ; lorsque cette eau est bien limpide, on la décante avant de l'employer.

(2) Quoiqu'il soit plus convenable de préparer les ombres avec la teinte foncée, il convient, pour l'enseignement, de suivre le mode indiqué, afin de laisser au professeur la faculté de corriger les erreurs que peuvent faire les élèves.

sera expliqué plus loin, devient nécessaire pour ce premier lavis, afin de bien faire distinguer aux élèves, dès le début, la différence qui existe entre les ombres portées et les ombres naturelles.

Nota. — Si quelques élèves n'ont pas réussi dans ce premier lavis, le professeur les réunit, et, montrant à tous les erreurs commises dans chaque lavis, il résume de nouveau la leçon.

CHAPITRE XXXII.

PLANCHE XXVI.

LAVIS D'UN CHAPITEAU ET D'UNE BASE.

Dans la planche précédente, j'ai dit qu'après avoir indiqué les ombres des moulures éclairées et passé une teinte générale sur celles dans l'ombre, il fallait en terminer le modelé avec trois teintes égales superposées les unes aux autres.

Je dois maintenant faire remarquer que, pour achever le lavis d'une colonne ou de tout dessin perspectif, deux nouvelles teintes sont nécessaires pour en compléter l'effet, soit dans les parties éclairées, soit dans celles qui ne le sont pas, les deux teintes claires servant à déterminer le modelé des cylindres (1), et les deux teintes foncées à indiquer la profondeur ou l'éloignement relatif des différents plans d'un modèle (2).

Une teinte faible ne doit pas se placer sur une teinte plus forte ; elle serait inutile et allourdirait le lavis.

On ne doit jamais faire rencontrer les teintes ; elles doivent se superposer.

Toute teinte doit être posée en retraite ou en saillie sur celles qui l'ont précédée ; elle doit en outre, lorsqu'on la place, s'incliner vers l'ombre pour éviter qu'elle ne dépose sur le côté éclairé

(1) Si l'on considère la figure 4, planche 28, on verra que les trois premières teintes s'arrêtent à l'axe ; il est donc facile de comprendre que la partie du cylindre qui se prolonge jusqu'à la diagonale de droite, étant moins éclairée que la face AB du tailloir, parallèle au dessinateur; les deux dernières teintes 4 et 5, appliquées sur le cylindre, ne doivent pas être passées sur la face de ce tailloir.

(2) Les ombres d'un corps sont d'autant plus foncées que ce corps est plus rapproché, et d'autant plus faibles qu'il est plus éloigné. C'est l'inverse pour les parties éclairées; d'où il résulte que, à mesure que les corps s'éloignent, les ombres diminuent de valeur, et les clairs s'affaiblissant, le modelé de ces corps finit par se confondre dans une seule et même teinte.

du dessin ; enfin, elle ne doit pas être fondue. Par ces moyens, on obtient plus de transparence dans le lavis, on force l'élève à se rendre compte de la place que doit occuper chaque teinte avant de la poser, et l'on fait disparaître tout tâtonnement.

La planche 26 a été divisée en trois figures pour faciliter la démonstration qui va suivre, et faire comprendre aux élèves la manière de procéder pour le lavis d'une colonne en employant *cinq teintes claires*, *cinq teintes foncées*, *enfin la teinte générale*.

TEINTES CLAIRES.

La figure 1ʳᵉ indique comment doit se placer la teinte couvrant le tracé des ombres portées et des ombres naturelles du chapiteau, ainsi que de la base d'une colonne.

La figure 2 montre trois teintes claires, 1, 2, 3, passées successivement sur toutes les parties du chapiteau et de la base, en réservant les grands clairs ; enfin, la 4ᵉ et la 5ᵉ teinte, qui n'ont été mises que sur les corps ronds, abstraction faite des surfaces planes. (*Voyez la fig. 4 de la planche 28.*)

TEINTES FONCÉES.

La figure 3 donne le complément du lavis.

En effet, après avoir été préparée comme les précédentes, cette troisième figure doit se terminer ainsi qu'il suit :

1° Par l'application de trois teintes foncées : la première posée sur les ombres portées et les ombres naturelles, ainsi que cela a été fait avec une teinte claire à la figure 1ʳᵉ ; la deuxième et la troisième placées sur les plans verticaux, en réservant les plans horizontaux plus reflétés que les autres ; enfin, en laissant un reflet sur la droite du fût de la colonne ;

2° Par la 4ᵉ et la 5ᵉ teinte, ne se plaçant que sur les premiers plans et en contact direct avec les parties les plus éclairées de ce modèle. Ces teintes, posées en retraite l'une de l'autre, accusent les premiers plans et font mieux distinguer encore les ombres portées. (*Voir de nouveau la figure 4 de la planche 28, sur laquelle les teintes d'ombres sont numérotées.*)

TEINTE GÉNÉRALE.

Cette teinte participe de la teinte claire et de la teinte foncée, mais se rapproche beaucoup plus de la première que de la seconde ; elle a pour but : 1° de lier ou harmoniser les modelés faits avec les deux premières teintes, en même temps qu'elle aide à rendre plus vifs les jours réservés sur les cylindres et autres corps ronds ; 2° elle sert à préparer le lavis pour recevoir un glacis en couleur ; 3° enfin, elle enlève la crudité du lavis en atténuant les teintes, ainsi, du reste, qu'on l'obtiendrait dans un lavis ordinaire en y passant une eau claire avec l'éponge.

Si l'on se rappelle que chaque élève est muni de son bâton d'encre de Chine et prépare lui-même ses teintes, il sera facile de comprendre que, n'ayant encore aucune notion du lavis, il lui arrivera souvent de préparer ses teintes ou trop faibles ou trop foncées, dès lors d'obtenir un lavis dont les ombres seront trop noires ou les parties éclairées trop pâles. Il a donc fallu remédier à cet inconvénient en employant un ton moyen qui, passé une ou plusieurs fois sur le lavis, harmonise les deux tons disparates entre eux et complète même le modelé des corps cylindriques : c'est la principale cause qui m'a conduit à ajouter cette troisième teinte aux deux premières.

Cependant, comme les matériaux employés à la construction des machines servant de modèles sont généralement polis ou d'un ton foncé, il importait aussi de donner à l'ensemble du lavis un ton général qui permit d'obtenir ces reflets brillants produits par le polissage des bois et des métaux, tout en préparant ce lavis à recevoir les couleurs, dans de telles conditions qu'elles ne fussent ni fades ni d'une crudité blessante à l'œil.

Cette teinte générale se place donc sur la totalité du dessin, comme l'indique la figure 3, planche 26 ; mais, lorsque cette première teinte ne suffit pas, on en passe une seconde, et même une troisième (1) sur les corps ronds, dans le seul but de compléter le modelé de ces corps.

En résumé, la figure 3 de la planche 26 a été modelée :

1° *Par cinq teintes claires*, dont trois seulement ont été placées sur les surfaces planes et cinq sur les corps ronds ;

2° *Par cinq teintes foncées*, les trois premières utilisées à modeler la forme des corps, et les deux dernières posées sur les premiers plans pour les distinguer des autres ;

Enfin, *par une teinte générale*, qu'à la rigueur on eût pu passer plusieurs fois sur les corps ronds, si cela eût été nécessaire pour les modeler.

Nota. — Cette teinte générale peut devenir complètement inutile aux

(1) En retraite l'une de l'autre.

dessinateurs habitués aux lavis, pour modeler les corps frustes et *non polis*, comme serait, par exemple, la façade d'un monument *construit en pierre*; mais elle leur serait encore nécessaire pour reproduire des tons foncés.

CHAPITRE XXXIII.

—

PLANCHE XXVII.

—

LAVIS D'UNE COLONNE.

Figure 1ᵉ. — Colonne préparée avec cinq teintes claires.

Figure 2. — Colonne modelée avec cinq teintes claires et cinq teintes foncées.

Figure 3. — Colonne ayant reçu les dix teintes précédentes, et terminée avec la teinte générale.

Figure 4. — Colonne partie dans l'ombre et partie éclairée. (*Cette figure a pour but de démontrer que le modelé de l'ombre naturelle d'un cylindre ne change pas, que ce cylindre soit éclairé ou qu'il soit dans l'ombre.*)

En effet, après avoir passé les cinq teintes claires, on passe trois teintes foncées sur la totalité des ombres portées et ombres naturelles, en réservant les reflets, pour ensuite terminer le lavis par les deux dernières teintes posées à gauche sur les plans les plus saillants; d'où il résulte que l'ombre naturelle du cylindre est restée la même sur toute la hauteur de la colonne.

Figures 5 et 6. — Colonnes modelées comme les deux précédentes et recouvertes d'un glacis en couleur, indiquant la matière qui a servi à la construction de ces colonnes.

CHAPITRE XXXIV.

—

PLANCHE XXVIII ET XXXIV.

—

OMBRES ET LAVIS D'UN MODÈLE A QUATRE COLONNES.

—

OMBRES.

Dans un dessin d'ensemble, il convient de placer les ombres du coté le moins développé.

Ainsi, dans la figure 1ʳᵉ de la planche 28, les ombres sont à droite; dès lors le jour est supposé venir de gauche : ce serait l'inverse si le développement le plus grand se trouvait sur la droite.

Planche 34. — Les deux colonnes du premier plan étant entièrement éclairées, le tracé de leurs ombres se fera conformément à ce qui a été expliqué précédemment.

La colonne du deuxième plan sur la gauche, recevant une ombre portée par le côté perpendiculaire à la face du modèle, cette ombre portée doit avoir la direction de la ligne à 45 degrés, ainsi que cela a été expliqué figure 1ʳᵉ, planche 19.

La colonne du deuxième plan sur la droite, se trouvant en grande partie dans l'ombre portée par la face de l'entablement parallèle au dessinateur, il en résulte : 1° que cette ombre prend la forme du fût de la colonne sur laquelle elle est projetée ; 2° que la hauteur de cette ombre est égale à la distance comprise entre cette colonne et la face éclairée de cet entablement.

La rosace du plafond étant complètement dans l'ombre, elle sera modelée par reflet, suivant les principes développés à la figure 2, planche 23, donnant les ombres d'une base et d'un chapiteau éclairés par reflet.

LAVIS.

Je rappelle que l'on ne doit jamais faire rencontrer les teintes dans un lavis; il faut, au contraire (lorsqu'on ne peut passer une teinte d'un seul jet), les superposer en s'arrêtant sur les parties ombrées et principalement sur les ombres portées. Je rappelle, en outre, qu'on ne doit jamais se servir d'une teinte claire pour modeler les ombres.

Figure 1ʳᵉ, *planche* 20. — Passer une teinte claire sur la totalité des ombres portées et ombres naturelles.

Figure 2. — Les ombres étant indiquées, il faudra passer trois teintes claires sur la totalité du dessin, en réservant les clairs sur les corps ronds, ainsi que sur les arêtes des surfaces planes ; enfin, en se mettant en retraite jusqu'à l'axe de la colonne, comme l'indique la figure 4.

Placer alors sur les fûts et moulures les deux dernières teintes (4ᵉ et 5ᵉ), pour compléter le modelé des parties éclairées (1).

____

(1) On modèle le cuivre avec la même teinte légèrement étendue d'eau.

Cette préparation étant terminée, il faut modeler avec cette même teinte claire les ombres des verres ou corps transparents, puis l'étendre de moitié d'eau, pour modeler les parties éclairées des mêmes corps (1).

Indiquer de nouveau avec la teinte foncée les ombres portées et les ombres naturelles, ainsi que cela a été fait dès le début avec la teinte claire, en ayant le soin de rectifier les erreurs, s'il y a lieu.

Modeler ensuite avec trois teintes foncées la totalité des ombres portées et des ombres naturelles, en réservant les reflets sur les plans horizontaux.

Les deux dernières teintes foncées (4ᵉ et 5ᵉ) sont placées sur les premiers plans, pour les distinguer des plans les plus éloignés ; il est nécessaire de les diminuer de valeur (en enlevant une partie de la teinte contenue dans le pinceau), au fur et à mesure que l'on s'avance sur le deuxième plan, afin de rendre insensible à l'œil le point où elles s'arrêtent.

La teinte générale se place alors sur la totalité du dessin, à l'exception des verres, sur lesquels elle est remplacée par la couleur.

GLACIS AVEC COULEURS.

Les couleurs doivent être préparées séparément dans des godets plats en porcelaine, et mélangées dans des godets creux, suivant les tons nécessaires au lavis entrepris.

On passe alors une teinte générale de la couleur propre à chaque corps, en ne réservant que les grands clairs. Une seconde couche se place sur le premier et le deuxième plan, enfin la troisième sur le premier plan seulement (2), de manière à colorer davantage le premier plan que le second, et le second plus que le troisième, etc., etc.

C'est une application de la perspective aérienne, qui consiste à faire fuir les corps par la dégradation ou diminution des tons employés (3).

Les couleurs atténuant la valeur des tons de l'encre de Chine,

(1) Les corps solides vus à travers le verre se modèlent également avec cette dernière teinte.

(2) Ces couleurs doivent se placer en retraite les unes des autres, pour aider au modelé des corps ronds.

(3) Il importe de ne pas préparer les couleurs épaisses, car alors elles empâteraient le lavis.

il arrive quelquefois qu'après avoir passé la *première teinte* de couleur, on s'aperçoit que le lavis est trop pâle : il faut dans ce cas y placer immédiatement de nouvelles teintes d'encre de Chine avant de compléter le travail avec les couleurs (1).

EMPLOI DE LA GOMME ARABIQUE.

La gomme arabique blanche en grains se place dans un godet avec une quantité d'eau double de son volume ; on la laisse ainsi vingt-quatre heures. Lorsqu'elle est fondue, on y ajoute l'eau nécessaire à la rendre assez liquide pour qu'elle puisse couler facilement du pinceau.

En cet état, on l'utilise en la passant sur les premiers plans du lavis pour raviver les teintes et aider à l'effet de la perspective aérienne ; on peut même la passer deux fois sur le premier plan.

En résumé, un modèle d'ensemble doit être lavé ainsi qu'il suit :

1° Préparation des ombres avec une teinte claire ;

2° Modelé des parties éclairées par cinq teintes claires (*la teinte des verres diminuée de moitié*) ;

3° Modelé des parties dans l'ombre par cinq teintes foncées ;

4° Complément du lavis à l'encre par une ou plusieurs teintes générales, suivant l'exigence du travail qui a précédé ;

5° Glacis en couleur aidant au modelé et à distinguer les plans entre eux ;

6° Retouche à l'encre de Chine, si cela est nécessaire ;

7° Emploi de la gomme arabique pour raviver le lavis et aider à la perspective aérienne.

La *figure* 3, contenue dans cette planche, indique le moyen de tracer l'ombre portée dans une ouverture circulaire découverte, ainsi qu'on en voit l'application à l'intérieur de la base du cylindre en verre placé au centre des deux figures 1 et 2.

(1) Les couleurs employées pour glacer les corps cachés par des verres doivent être très pâles.

CHAPITRE XXXV.

—

—

PLANCHE XXXIX.

—

TONS ADMIS POUR LES PLANS DE CONSTRUCTION.

PLAN.	Nᵒˢ 1 *Encre de Chine.*	— Parties conservées.
	2 *Gomme-gutte.*	— Parties à démolir.
	3 *Rouge de Saturne.*	— Travaux projetés.
COUPE.	4 *Bistre clair.*	— Bois de charpente.
	5 *Carmin pâle.*	— Coupe des sections verticales.

NOTA. — Les teintes à l'*encre de Chine* des numéros 6, 7, 8 et 9 donnent
la valeur des tons employés pour laver un dessin, ainsi que nous l'avons
expliqué aux chapitres 31, 32, 33 et 34.

MÉLANGE DES COULEURS POUR GLACIS.

Nᵒˢ 10 *Cuir.*	— Sépia naturelle.
11 *Cuivre jaune.*	— Gomme-gutte et ocre jaune.
12 *Cuivre rouge.*	— Gomme-gutte et laque carminée.
13 *Verre ordinaire.*	— Bleu de Prusse très-clair.
14 *Bois de noyer.*	— Terre de Sienne brûlée et terre d'ombre brûlée.
15 *Bois d'acajou.*	— Terre de Sienne brûlée et sang-de-dragon.
16 *Acier.*	— Bleu indigo.
17 *Fer.*	— Bleu de Prusse et encre de Chine, avec une pointe de carmin.
18 *Bronze.*	— Bleu indigo et jaune indien.
19 *Plomb.*	— Teinte neutre, ou mélange d'encre de Chine et de bleu de Prusse.
20 *Fer fondu.*	— Noir d'ivoire ou noir de pêche.

TONS ADMIS POUR LES PLANS TOPOGRAPHIQUES.

Eaux.	— Bleu de Prusse mélangé parfois d'une pointe de laque jaune.
Prairies.	— Laque jaune et bleu de Prusse.
Bois.	— Laque jaune et bleu indigo ; laque jaune et bleu de Prusse.

NOTA. — Le ton du vert variant suivant l'essence des arbres, on peut
faire des mélanges ayant plus de jaune pour les parties éclairées, et plus
de bleu pour le côté opposé ; on peut encore utiliser une légère teinte de

terre de Sienne brûlée et même de sépia naturelle ; les ombres s'indiquent indifféremment avec l'encre de Chine ou la sépia, suivant que l'on veut donner plus ou moins de vigueur à son dessin.

Terres.	— Terre d'ombre naturelle très-légère, mélangée d'un peu de carmin.
Chemins.	— Bistre clair.
Constructions.	— Laque carminée claire.

NOTA. — Pour obtenir des teintes bien nettes, il faut les passer en deux fois.

Pour conserver la fraîcheur d'un lavis colorié, ou donner du brillant aux couleurs, on peut y passer une couche d'eau de gomme très-légère.

PLANCHE XL.

NOTIONS DE TOPOGRAPHIE.

Nous avons réuni dans cette planche, avec titres indicatifs, les éléments nécessaires pour lire et même pour dresser un plan topographique ; nous y avons ajouté les signes conventionnels indiquant : 1° les limites des empires, des départements et même des communes ; 2° les routes et les sentiers ; 3° les canaux et les ports ; 4° enfin, les différentes constructions de ponts : toutes choses qui nous ont paru nécessaires et utiles aux industriels comme aux gens du monde.

TABLEAU DES POIDS ET MESURES MÉTRIQUES.

MESURES DE LONGUEUR.

1	Mètre (1), unité fondamentale des poids et mesures.		
1	Décamètre,	—	10 mètres.
1	Hectomètre,	—	100 mètres.
1	Kilomètre,	—	1,000 mètres.
1	Myriamètre.	—	10,000 mètres.

MESURES AGRAIRES.

1	Hectare,	—	100 ares, ou 10,000 mètres carrés.
1	Are,	—	100 mètres carrés.
1	Centiare.	—	1/100° de l'are ou un mètre carré.

(1) Un mètre se subdivise : en   10 décimètres.
                                 100 centimètres.
                           1,000 millimètres.

MESURES DE CAPACITÉ.

1	Kilolitre,	—	1,000 litres.
1	Hectolitre,	—	100 litres.
1	Décalitre,	—	10 litres.
1	Litre,	—	1 litre.
1	Décilitre,	—	1/10e de litre.

MESURES DE SOLIDITÉ.

1	Décastère,	—	10 stères,
1	Stère,	—	1 mètre cube.
1	Décistère,	—	1/10e de stère.

POIDS.

1,000	Kilogrammes,	—	ou 1 mètre cube d'eau (tonne marine).
1	Kilogramme,	—	1,000 grammes, ou poids d'un décimètre d'eau distillée.
1	Hectogramme,	—	100 grammes.
1	Gramme,	—	le poids d'un centimètre cube d'eau.
1	Décigramme,	—	1/10e de gramme.

TABLE DES MATIÈRES

INTRODUCTION.

DE V A XVI.

CHAPITRE VI.

PLANCHE II.

CHAPITRE VII.

PLANCHES III ET IV.

CHAPITRE VIII.

PLANCHES V, XXXIII ET XXXIV.

COMPLÉMENT DU CHAPITRE VIII.

ÉTUDE DES DÉTAILS.

PLANCHES XXXIII ET XXXIV.

CHAPITRE IX.

PLANCHES VII, VIII ET XXXV.

DÉTAILS PERSPECTIFS.

CHAPITRE X.

PLANCHE VI.

LIVRE III.

ÉLÉMENTS DE GÉOMÉTRIE.

DE 61 À 75.

CHAPITRE XI.

CHAPITRE XII.

PLANCHE IX.

CHAPITRE XIII.

PLANCHE IX.

CHAPITRE XIV.

PLANCHE IX.

CHAPITRE XV.

PLANCHE IX.

CHAPITRE XVI.

PLANCHE IX.

CHAPITRE XVII.

PLANCHE IX.

LIVRE IV.

PERSPECTIVE LINÉAIRE.

DE 76 A 109.

CHAPITRE XVIII.

PLANCHE X.

CHAPITRE XIX.

PLANCHE X.

LIVRE V.

TRACÉ DES OMBRES.

DE 110 A 138.

CHAPITRE XXIV.

PLANCHE XVII.

PLANCHE XVIII.

CHAPITRE XXV.

PLANCHE XIX.

CHAPITRE XXVI.

PLANCHE XX.

CHAPITRE XXVII.

PLANCHE XXI.

CHAPITRE XXVIII.

PLANCHE XXII.

LIVRE VI.

ÉTUDE DU LAVIS.

DE 139 À 152.

CHAPITRE XXXI.

FIN DE LA TABLE.